読んだら勉強したくなる
東大生の学び方

西岡壱誠
Issei Nishioka

笠間書院

はじめに

「なんで勉強しなければならないんですか？」

僕《ぼく》は全国100校以上の学校で、年間1000回以上の講演会《こうえんかい》・ワークショップを実施《じっし》して、1万人以上の生徒に対して話している東大生団体《だんたい》のリーダーです。全国いろんなところで講演《こうえん》し、いろんな生徒から質問《しつもん》をされます。そしてそんな僕《ぼく》が一番多く聞かれるのが、「なんで勉強しなければならないんですか？」です。

小さな子から高校生に至《いた》るまで、この疑問《ぎもん》を大人にぶつける子供《こども》は多いと思います。実際《じっさい》、鹿児島県の徳之島町《とくのしまちょう》の子供《こども》たちも、北海道の学校の子供《こども》たちも、東京のど真ん中の学校の生徒でも、みんな平等に僕《ぼく》に何度も「西岡先生、なんで勉強しなければならないんですか？」と聞いてきます。

この質問《しつもん》は考えてみれば確《たし》かに当たり前の疑問《ぎもん》であり、誰《だれ》もが持つ疑問《ぎもん》ですね。この本を読んでいる人が大人だったとしても、子供《こども》の時に同じように疑問《ぎもん》に思ったことがある人も多いのではないでしょうか?

そして、この疑問《ぎもん》に対する回答って、なかなか難《むずか》しいですよね。

教科書を開いたり参考書の問題を解《と》いたりすると、「こんなの絶対《ぜったい》、将来《しょうらい》使わないでしょ!」と思うような勉強も存在《そんざい》します。

数学で言えば、二次関数を使って計算することも、微分《びぶん》積分を使って何かを求めることも、普通《ふつう》に生きている中ではそんな機会はほとんどないでしょう。

社会もそうですね。ナポレオンの戴冠《たいかん》が何年に起こったのかなんて知らなくても生きていけます。学校のテストで「鎌倉幕府《かまくらばくふ》の成立は何年か答えなさい」と聞かれることはあっても、会社の入社試験で「鎌倉幕府《かまくらばくふ》の成立は何年か答えなさい」と聞かれることは稀《まれ》でしょう。仕事をしていて、取引先から「ナポレオンの戴冠《たいかん》が何年に起こったのか言える? 言えたら契約《けいやく》してあげるよ」なんて言われることはあり得ないと思います。

ちゃんと勉強してせっかくテストで答えられるようになったとしても、社会に出てからは役に立たない。勉強しても、なんにも役に立たないのです。

また、時代が変わっていて、勉強は「時代遅《おく》れ」になっている面があります。

昔は必要だった勉強が、時代が進むごとに「やらなくていいもの」になってしまう、という場合もあるのです。

例えば、手紙を書くことが少なくなってスマホで文字を打つようになった現《げん》在《ざい》、漢字を覚えていなくても生きていけるようになりました。そんな中で漢字の勉強をしなければならないのはなんで？　と首をかしげる人もいることでしょう。

英語もそうですね。昔は「外国人と話すためには英語の勉強は必須《ひっす》！」と言われていたわけですが、英語の勉強をしなくても、数年後には翻訳《ほんやく》の機械が発達して、自分で英語を喋《しゃべ》れるようにならなくても外国人とコミュニケーションが取れるようになるかもしれません。

そのくせ、大学受験では「グローバル化する現代《げんだい》において英語の勉強は必《ひっ》須《す》！」と、英語ができる生徒は、できない生徒よりも、数年前に比《くら》べ大きく評《ひょう》価《か》されるようになりました。というかもう、トップ大学の一部は総合型選抜《そうごうがたせんばつ》入試での書類選考の段階《だんかい》で、「英検準《えいけんじゅん》1級を持っていなければ不合格《ふごうかく》」とされていたりもします。

そりゃ、みんな「なんで勉強しなければならないの?」って気分になりますよね。もはや、なんのために頑張《がんば》っているんだと言いたくなってしまいます。受験や学校での評価《ひょうか》のためだけに勉強しなければならないかのような錯覚《さっかく》に陥《おちい》ってしまうこともあるでしょう。

でも、「受験のための勉強」なんて窮屈《きゅうくつ》な考え方をするまでもなく、勉強って重要だし、楽しいものだと思うんですよね。歴史漫画《れきしまんが》を読んだら「すげえ!織田信長《おだのぶなが》かっけえ!」という気分になるし、トランプゲームで本気で勝ちたいと思って「え、どっちのカードを選んだ方が、勝てる確率《かくりつ》が高いんだ……!?」と考えれば自然に数学は使うし、英語の歌詞《かし》を聞いて「今のってどういう意味だろう?」と考えたくもなります。「絶対《ぜったい》こんなの意味ないだろ」と思っている勉強にも、意外な意味があったりすることもあるのです。小説を読んでいて「この漢字を使っているということは、この作者はここにこんな意図を入《い》れ込《こ》んでいるんじゃないかな」みたいなことを考えることができるわけですね。

例えばみなさんが音楽のテレビ番組を観《み》ているとします。いろんなロックバンドやシンガーが歌っていて、それをみなさんは観《み》ています。さて、どんな曲が流れていたら、みなさんは楽しめるでしょうか？　おそらく、「知っているバンドが歌っているとき」には「お！　この曲か！　これは楽しみだ！」となるでしょう。カバー曲を歌っているときには「おお！　この曲懐《なつ》かしいな！」「このバンドがこの曲を歌っているのか！　オリジナルとは違《ちが》った楽しさがあるな！」と考えることができることでしょう。逆《ぎゃく》に自分の知らない曲ばかりで、「誰《だれ》だろう、このシンガーは……」「こんな曲知らないよ」という状態《じょうたい》なら、楽しめないはずです。

それと同じで、「知識《ちしき》があるかないか」によって、人生の楽しさは変わってくるのです。街を歩いているとき、旅行に行ったとき、漫画《まんが》やアニメを観《み》ているとき、ゲームをしているとき、知識《ちしき》のある人であればいつだって「これって、〇〇じゃないか」と思えるはずです。旅行に行って博物館やお城に入っても、日本史《にほんし》を知っていれば「なんだ、この絵？」「こんな剣《けん》の何が面白《おもしろ》いんだ？」と考えるのではなく、「おお！　この絵って日本史《にほんし》のあの場面か！」「これってあの伝説の剣《けん》じゃないか！　すげえ！」と考えることができるようになります。

小説やアニメを読んだり観《み》たりしていて「あ！　これってこの作品のオマー

ジュだな！」とにやりと笑ってしまうこともあります。例えば「PSYCHO－PASS　サイコパス」というアニメを観《み》ていると敵役《かたきやく》のキャラが哲学者《てつがくしゃ》の言葉を引用しますが、「おお！　パスカルを引用した！」とか「伊藤計劃《いとうけいかく》（SF作家）の名前が出た！　面白《おもしろ》い！」となる場面があります。音楽でもそうです。米津玄師《よねづけんし》さんの楽曲で「花に嵐《あらし》」「海と山椒魚《さんしょううお》」という曲がありますが、どちらも井伏鱒二《いぶせますじ》に因《ちな》んだ楽曲名なので「おお、井伏鱒二《いぶせますじ》じゃないかこれは」と笑ってしまったり……。

人生は、勉強によって楽しくなります。でも、そのことをあまり知らないで、「どうせ勉強しても楽しくない」と思《おも》い込《こ》んで、勉強嫌《ぎら》いのまま大人になってしまう・なってしまった人が多い。これはもったいないことだと思います。

ですので、この本では、「なんで勉強しなければならないんですか？」という質問《しつもん》に、愚直《ぐちょく》に向き合って答えを考えてみました。各科目・様々なシチュエーションを想定し、とにかく「勉強をする意味」について考え、子供《こども》から大人まで幅広《はばひろ》く納得《なっとく》できる回答を取《と》り揃《そろ》えてみました。

会話形式で、「なんで勉強しなければならないんですか？」と聞く子供《こども》に対して、その科目の勉強が楽しくなるような問題を出したり、答えを説明したりしています。各科目の「考えれば楽しい問題」と「その科目の勉強をすればできるようになること」「答えが考えられるようになると社会に出たときに役立つ問題」をたくさん出しているので、読み進めていくうちに、きっと「なるほど、じゃあ勉強しなきゃな」って気分になるのではないかと思います。

「なんで勉強しなければならないのか？」

この疑問《ぎもん》に対して、みなさんにとってピッタリくる回答を見つけていただければ、幸いです。

CONTENTS

登場人物

先生

勉強法を教える会社の代表で現役(げんえき)東大生。先生として、日々、勉強の楽しさを生徒に伝えている。

サチ子

面倒見(めんどうみ)がいい中学生の女の子。勉強は苦手ではないが考え込(こ)むタイプ。受験はまだ意識(いしき)していない。

ショウ

少しやんちゃな小学生の男の子。勉強はあまり得意(とくい)ではない。映画(えいが)を観(み)るのが好き。

第1章

国語

論《ろん》理《り》的《てき》思考と表《ひょう》現《げん》力の向上

人間社会で生きていくなら「国語」が土台

「国語の勉強なんて、もう今の時点ですら日本語を扱《あつか》えているんだから必要ないじゃん！」と思って小学校中学校を過《す》ごしている・過《す》ごしていたという人は多いのではないかと思います。最近は漢字なんてスマホで検索《けんさく》すれば一発だし、漢字の勉強をしなくても生きていけるようになっています。僕《ぼく》は高校時代に「制服《せいふく》」の漢字を間違《まちが》えて「生服」と書いて笑われましたが、もうそんなことも起こらない時代になっているんだなと思うと感慨深《かんがいぶか》いです。

　それでも、国語力があるかないかって、社会の中で活動すると非常《ひじょう》に痛感《つうかん》させられます。例えばビジネスパーソンは上司や取引先の言うことを聞いて「そうなんですね、〇〇なんですね」と、相手の言葉を言《い》い換《か》えて理解《りかい》を示《しめ》した方がいいと言われています。ただ「なるほど」とだけ言っていると「お前、本当にわかってんのか？」「話を合わせているだけなんじゃないの？」と怒《おこ》られてし

まうわけです。でもその言《い》い換《か》えをする時にも、必要になってくるのってやっぱり、語彙力《ごいりょく》なんですよね。言葉を知らなければ、言《い》い換《か》えることもできない。それに、仕事では相手とコミュニケーションを取るだけではなく、文章を書くことも必要ですし、相手のメールを読んで意図を理解《りかい》することも必要です。人間社会で生きていくなら結局、国語の勉強が土台になった何かをしなければならない。そう考えると、やっておかないと痛《いた》い目を見てしまうということですね。

この章では、国語という科目がいかに奥深《おくぶか》いのか、大人になってからどう必要になってくるのかについて語っています。ぜひその面白《おもしろ》さに触《ふ》れていただければと思います。

国語＝相手の話を読み取る科目

ショウ　国語の授業《じゅぎょう》ってさあ、無駄《むだ》じゃない？

先生　おお、いきなりだなあ。

ショウ　だってさー、国語って、日本語の勉強でしょ？　僕《ぼく》ら、日本語なんてもう読めるよ？　それなのに、なんで毎週授業《じゅぎょう》があるの？

先生　ショウくんの小学校だと、どれくらい国語の授業《じゅぎょう》があるの？

ショウ　1週間に5時間くらい。教科書の文章を読んだり、なんかその感想を書いたりしてる。

先生　ふーん。サチ子さんは？

サチ子　自分の中学でも6時間くらいですね。ただ、古文とかの勉強も入ってきます。

ショウ　僕《ぼく》も学校で古典をやるらしいんだけど……嫌《いや》だなー。

サチ子　昔の言葉の勉強なんかして、文法で「ぞ　なむ　や　か」とか覚えなきゃならないのはなかなか苦痛《くつう》だよね。あんまりやりたくないし、やる意味を感じないし。

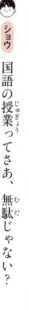

先生　ふむふむ。国語の授業《じゅぎょう》も古文の授業《じゅぎょう》も、勉強しなきゃならない理由がわからないってことだね。オーケー、じゃあそれに対しての反論《はんろん》をしていこうか。

ショウ　言っておくけどね、先生。「本が読めるようになる」とか「文章が書けるようになる」ってくらいのことだったら、僕《ぼく》ら納得《なっとく》しないからね⁇

先生　ええ⁉

サチ子　まあ、読解力《どっかいりょく》とか文章力とか、そういう能力《のうりょく》が身に付くから、ってのは想像《そうぞう》できるもんね。

ショウ　そういう話は僕《ぼく》らだってわかるんだけど、でも、それ以外にもいろいろやんなきゃならないこといっぱいあるじゃん？　なんかよくわからない昔の文章とか、なんで読まなきゃならないの？　って感じなわけよ。

先生　ふーむ。これは骨《ほね》が折れそうだ。でも頑張《がんば》って、2人が納得《なっとく》するようなことを話してみよう。じゃあまずは、**推理《すいり》**をしてもらおうか。

ショウ　サチ子　推理《すいり》？

国語は面白《おもしろ》い　その1　会話から推理《すいり》しよう

探偵《たんてい》はとある事件《じけん》の捜査《そうさ》をしていたが、そこで犯人《はんにん》に捕《つか》まってしまった。

犯人《はんにん》は探偵《たんてい》にこう言った。

「くく、突然誘拐《とつぜんゆうかい》したからな。ここがどのビルの何階（なんがい）かなんて、わかるまい！」

それに対して、探偵《たんてい》は「ふん。どのビルかはわからないが、何階かはわかるぞ」と言った。

さて、探偵《たんてい》はなぜ、ここが何階かわかったのだろうか？　そして、ここは何階なのだろうか？

サチ子　え、これだけ？　これだけで推理《すいり》できるの？　いやいや、無理でしょ。

ショウ　エレベーターに乗っていた時間を計ったとか？

先生 違《ちが》いまーす。そんなことしなくても、ここが何階かは簡単《かんたん》だよ。

サチ子 えー!? そんなのわかんないよ。ここが何階かなんて……あれ？

ショウ どうしたの？

サチ子 なんがい、なんがい、なんがい……。え、もしかして3階？

先生 正解《せいかい》！

ショウ すご！ なんでわかったの!?

サチ子 そっか、たしかにこれって、3階だけなのか……。

ショウ どういうこと？

サチ子 いや、いっかい、にかい、さんがい、よんかい、ごかい、って感じで、3階だけ、「かい」じゃなくて「がい」なのよ。

答え

犯人《はんにん》は「何階（なんがい）かなんて、わかるまい！」と言っていた。「か

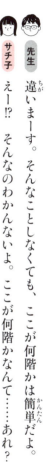

い」ではなく、「がい」と言った。
日本語で、「何階」と言うとき、「階」を「がい」と言うのは、3階しかない。だから探偵《たんてい》は、3階だとわかったのだった。

ショウ　なるほどー！　そっか！　たしかに「がい」って言ってたもんね！　でも、なんで3階だけ「がい」なの？

先生　言葉というのは、音で発音が決定する場合があるんだよ。「あ行＋ん＋あ行」の言葉の場合、後ろのあ行の言葉には濁点《だくてん》が付く場合が多いんだ。「あんがい（案外）」「かんだい（寛大）」「さんばい（3倍）」「たんざく（短冊）」「なんだい（難題）」「はんざい（犯罪）」「まんざい（漫才）」「らんがい（欄外）」……ほら、全部「ん」の後ろの音は濁点《だくてん》が付くでしょ？

ショウ　なるほどー。知らなかった！

先生　面白《おもしろ》いでしょ？　言葉って意外と奥《おく》が深くてね。次は漢字をテーマにお話ししようか。

国語は面白《おもしろ》い　その2　漢字から気持ちを読み取れ！

好きな人からＬＩＮＥが届《とど》きました。
「あなたのことを想《おも》っています」
さて、この相手はあなたに気があるのか？
それとも、友達としてしか見られていないのだろうか？

ショウ　す、好きな人から!?

サチ子　あー。たしかに、好きな人が自分のことをどう考えているのかって気になるもんね。脈《みゃく》があるのか、ないのか、みたいな。

ショウ　た、たしかに……でも、「あなたのことを想《おも》っています」って、これだけだったらわかんないじゃん。

先生　まあ、国語の問題だと思ってさ。傍線《ぼうせん》が引かれて、傍線部《ぼうせんぶ》「あなたのことを想《おも》っています」とあるが、このときの彼女《かのじょ》の心情《しんじょう》として正しいものを選べ、みたいなね。

ショウ あるけど！　そういう国語の問題実際《じっさい》あるけどさ！　でもさすがに変だろこの問題！

先生 そうかなあ、あってもおかしくないと思うけどなぁ。

サチ子 でも、前後の文脈《ぶんみゃく》とかもないから、やっぱりこれだけだったら難《むずか》しいですよ。

先生 そう思うよな。でもね、これだけで、「もしかしたらこの人は、自分に脈《みゃく》があるんじゃないか」って思えるんだよ。

ショウ え、本当？　……どこだろう？　「想《おも》っている」っていう言葉が、どういう意味なのかってことなのかな？

先生 そうそう、いいよ。その調子で考えていこう。

サチ子 あれ、この「想《おも》っている」って、こっちの漢字なんだね。

ショウ え、どういうこと？

サチ子 いや、「想《おも》っている」って、「思っている」でもいいじゃん。なのに、こっちなんだね、「想《おも》う」。

ショウ　ああ、たしかに。同じ意味で、同じ読み方なのに、2種類漢字があるんだね。……もしかして、「想《おも》う」の方が、脈《みゃく》ありってことなのかな？

先生　そうそう、だいたい正解《せいかい》だよ。

「おもう」には2種類の漢字がある

おもう【思う】：自分の頭で感じたことをただ表す漢字

例：「思案」。「思考」「考える」と同じような意味で使われることが多い

おもう【想《おも》う】：自分が「こうしたい！」という強い思い・願望・意思を伝えるときや、心に浮かべる、思いやるときに使う漢字

例：「理想」。「こうなりたい！」という強い想《おも》い・状態《じょうたい》

恋《こい》している相手に「あなたを思っています」と言っても、普通《ふつう》に「ああ君

のこと考えてたんだよ」というくらいのテンションになっちゃう。が、「想《おも》っています」なら……?

ショウ　「想《おも》っています」なら、「好きだよ」、みたいな意味になる場合があるってことだね。なるほどなぁ。

サチ子　この場合、脈《みゃく》ありかもしれない、って考えられるってわけだよね。

ショウ　漢字の使い方一つで、相手が自分のことを好きなのかどうかわかるわけだね。

先生　**相手がどんな言葉・どんな漢字を使ったかで、相手のことがわかってしまうこともある。**それは、面白《おもしろ》いだけじゃなくて、実際《じっさい》に社会に出て働く上でも重要になってくるんだよ。

ショウ　仕事でも?

先生　うん。じゃあ、こんなシチュエーションを考えてみようか。

国語は役に立つ その1 浮《う》かない顔の上司

朝、会社に行くと、上司が浮《う》かない顔をしていた。

「どうしたんですか？」とあなたが聞くと、上司は神妙《しんみょう》な面持《おもも》ちでこんなことを言った。

「お前の同僚《どうりょう》が、空（カラ）発注をしていたことがわかったんだ」

さて、上司はなぜ、浮《う》かない顔をしていたのだろうか？

サチ子 え？ こんなの簡単《かんたん》じゃん。発注ミスをしちゃったんでしょ？

ショウ 発注っていうのは、何か商品とかを仕入れることだよね。それを間違《まちが》えちゃったってことか。そうすると、間違《まちが》った注文をしてしまって、会社に損害《そんがい》が出てしまったのかもしれないね。

サチ子 あ、でも、空発注だから、発注し忘《わす》れちゃったんじゃない？ それで仕入れができなかったってことなんじゃないかな。

先生 そうだよね。そう考えるよね。でも、2人とも間違《まちが》い。これはそういう話じゃないんだ。

ショウ え？ なんで？ 空発注だから、発注を間違《まちが》えたってことじゃないの？

先生 この謎《なぞ》を解《と》くためには、**「空」という漢字の意味をしっかりと理解《りかい》しなければならないんだよ。**

「空」の意味は3つ！

❶天気の様子を表す
例：「青空」「夏空」
英訳《えいやく》：「sky」

❷何もない状態《じょうたい》を表す
例：「空洞《くうどう》」「空白」

英訳《えいやく》：「vacant」
❸うそ・間違《まちが》いを表す
例：「空音《そらね》」「空言《そらごと》」

空音は、「何も鳴っていないこと」ではなく、「鳴っていないのに聞こえる気がする音、偽《いつわ》ってまねる鳴き声、偽《いつわ》りの言葉」。同じように、空言は「何も言っていないこと」を指すわけではなく、「間違《まちが》っている言葉、嘘《うそ》や偽《いつわ》り」を指す。

ということは、空発注は？

ショウ そっか〜。「空」にはこんな3つの意味があるのか。天気のこととか、何もないこととかは知ってたけど、「嘘《うそ》」って意味もあるんだね。

サチ子 なんか昔の文章を読んでいたときに、「空言」って出てきた気がする！　そっか、あれは「嘘《うそ》」って意味だったのか。

ショウ　ってことは、まさか、「空発注」って……。

先生　気付いたようだね。

答え

空発注：嘘《うそ》の発注。架空《かくう》の発注や、事実に基《もと》づかない虚偽《きょぎ》の発注のこと

あなたの同僚《どうりょう》は、意図的に虚偽《きょぎ》の発注をしていたか、発注した物品の数を実態《じったい》より多く、または少なく申告《しんこく》していた可能性《かのうせい》が高い。それを知って、上司は愕然《がくぜん》としていたのではないか？

ショウ　そっか、架空《かくう》の発注のことだったんだね。そういえば「架空請求《かくうせいきゅう》」って言葉もあるけど、嘘《うそ》の請求《せいきゅう》で詐欺《さぎ》をする、みたいな意味だもんね。

先生　そういうこと。ちなみにこの「空」の3つ目の使い方は、漢文でよく出てくるんだ。サチ子さんの学校では漢文の勉強はもうやっているかな？

サチ子　そうですね。少しやっています。

先生　漢文の授業《じゅぎょう》で教わる知識《ちしき》は、今に活《い》かせることも多いんだよね。ちゃんと勉強していると、社会で生きる上でも、相手と話を合わせたり、相手の話をきちんと理解《りかい》できることがあるかもしれないんだよね。

ショウ　ふーん。もっと仕事につながる話ってないの？

先生　おお、求めてくるねショウ君は。うーん、じゃあこんな話をしようか。

国語は役に立つ　その2　チームの目標

上司から、「今期のチームの目標を決めてくれ」と言われた。さて、どっちの方が目標として適切《てきせつ》だろうか？

A：今期のチームの目標は、前年比《ぜんねんひ》で1・5倍の売り上げを立てることです

B：今期のチームの目標は、より顧客《こきゃく》に満足してもらえる商品の開発に努めることです

ショウ　え？　そんなのわからないよ。どっちもいい目標じゃん。答えなんてあるの？

先生　ヒントは、さっきからの話と同じで、言葉だよ。

サチ子　言葉……。さっきまでの流れで行くと、漢字に注目してみたらいいのかな。

ショウ　今期、は今の期間のことだよね。目標は……目的のこと？

サチ子　ん？　目標と目的って違《ちが》うのかな？　一緒《いっしょ》のものなのかな？

ショウ　おんなじような意味で使っているけど、これももしかしたら……。

先生　お、いいところに気付いたね。**目標と目的**には、こんな違《ちが》いがあるんだよ。

目的＝最終的に成《な》し遂《と》げたいこと。英語に直すと「goal」。「こんなことがしたい」という最終的なゴール

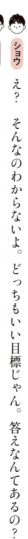

例：「お金持ちになる」「英語ペラペラになる」
目標＝目的を達成するための数値的《すうちてき》な指標。英語に直すと「target」。目的にたどり着くために立てる、中間の指標や行動・数字
例：「お金持ちになるために、偏差値《へんさち》○○の大学に進学する」「英語ペラペラになるために、英単語を2000個《こ》覚える」

ショウ へえ、そうだったんだ！ 目標と目的って違《ちが》うんだ。

サチ子 要するに、目的は本当にゴールで、そこに行くまでの中間地点が目標ってことなんだね。

先生 さて、そう考えると、さっきのやつはどっちが答えになるかな？

答え

上司から、「今期のチームの目標を決めてくれ」と言われた。さて、どっちの方が目標として適切《てきせつ》だろうか？

A：今期のチームの目標は、前年比《ぜんねんひ》で1・5倍の売り上げを立てることです

→数値《すうち》で表していて、目的の状態《じょうたい》に行き着くための中間地点なので、目標として適切《てきせつ》

B：今期のチームの目標は、より顧客《こきゃく》に満足してもらえる商品の開発に努めることです

→こっちは最終的に到達したい目的だから、目標としては不適切《ふてきせつ》

ショウ　ってことか。なるほどね。

サチ子　これ、2つの言葉の違《ちが》いを理解《りかい》しておくと、たしかにいろいろ見えてくること

ありますよね。仕事がしやすそう。

先生 勉強に関しても、目標と目的があった方がうまく行く場合が多いよ。例えば、**「二次関数を理解《りかい》するために、この数学の問題集を1時間で10ページ進めよう」**とかね。

サチ子 二次関数を理解《りかい》する、が目的で、この数学の問題集を1時間で10ページ進める、が目標ってことですね。

ショウ たしかに、「数学を勉強しよう」だけだと、効率《こうりつ》が悪いかも。まあ僕《ぼく》はずっとそんな感じだけど。

先生 今日からは、目的と目標を意識《いしき》してみてもいいんじゃない？

ショウ うーん、たしかに。

古文＝昔の言葉ってだけじゃない？

サチ子 先生、なんとなく、言葉を理解《りかい》したり、漢字の勉強をしたりするのには意味があるんだなってわかってきたんですけど、古文はどうなんですか？

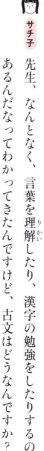

ショウ　ああ、古文。昔の言葉とか、昔の文章とか読むんでしょ？

サチ子　そうそう。昔使っていた言葉とかを理解《りかい》して、なんの意味があるのかなって。

先生　そうだねえ。たしかにその感覚になるのもわかる。じゃあ、この問いに答えてもらおう。

古文は役に立つ　その1　情《なさ》けは人のためにならない!?

「情《なさ》けは人のためならず」という言葉は、どっちの意味だろうか？

A：人に情《なさ》けを掛《か》けておくと、巡《めぐ》り巡《めぐ》って結局は自分のためになる

B：人に情《なさ》けを掛《か》けて助けてやることは、結局はその人のためにならない

ショウ　……え？　Bじゃないの？　情《なさ》けは人のためにならない、って意味でしょ。

サチ子　いや、Aだと思う。人のためではなく、自分のためになる、って意味。

ショウ　えー？　そうなの？

先生　さて、これがどっちか判別《はんべつ》するためには、古文の知識《ちしき》が必要なんだけど、サチ子さんどんな知識《ちしき》が必要かわかる？

サチ子　ええ!?　……なんだろう？

先生　「ならず」って、「なら」と「ず」で分けられるよね。

サチ子　ああ、「ず」が否定《ひてい》だから、「なら」が未然形ですね。ってことは「なり」か……。あ、これって、**断定《だんてい》の助動詞《じょどうし》**？

先生　正解《せいかい》！

「なり」の意味

断定《だんてい》〈～だ・～である〉という意味の助動詞《じょどうし》

基本形《きほんけい》	未然形	連用形	終止形	連体形	已然形《いぜんけい》	命令形
なり	なら	なり・に	なり	なる	なれ	なれ

サチ子 ってことは、「ならず」は「ではない」って意味なんですね。

先生 そういうこと。ってことは、今の言葉に訳《やく》すとどうなると思う？

サチ子 ……**「情《なさ》けは、人のためではない」**？

先生 正解《せいかい》。

ショウ なるほど。「ならず」って、「～になる」の反対の意味なのかなって考えていたから、「情《なさ》けは、人のためにならない」って意味だと思ってたけど……。

サチ子 実際《じっさい》は、「情《なさ》けは、人のためではない」だから、「人のためではなく、自分のためだ」が正解《せいかい》なんだ！

答え

ならず→なら／ず

→「ではない」という意味なので、正解《せいかい》は「A：人に情《なさ》けを掛《か》けておくと、巡《めぐ》り巡《めぐ》って結局は自分のためになる」

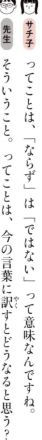

先生 **古文は、昔の日本で使っていた言葉だ。ってことは、それが現代《げんだい》まで影響《えいきょう》を与《あた》えていることというのはたくさんある。**今使っている言葉は、古文単語がベースになっているんだよ。

サチ子 古文を勉強しているときには気付かなかったなぁ。

先生 じゃあ他にも、こんな単語を考えてみよう。

古文は役に立つ　その2　「蹴《け》り」をつける!?

「けりをつける」という言葉は、「物事を終わりにする」というような意味になる。

この言葉の、「けり」とはどういう意味だろう?

ショウ　え？　蹴《け》りでしょ？　足でキックするって意味なんじゃないの？

先生　でもさあ、なんで蹴《け》ったら終わりになるのさ？

ショウ　まあ、言われてみれば、たしかに。でも他に「けり」なんてある？

サチ子　あれ？　もしかして……**助動詞《じょどうし》の「けり」**？

「けり」の意味

過去《かこ》「〜た　〜だ」または詠嘆《えいたん》「〜だなあ」という意味の助動詞《じょどうし》

基本形《きほんけい》	未然形	連用形	終止形	連体形	已然形《いぜんけい》	命令形
けり	（けら）	○	けり	ける	けれ	○

サチ子　「〜人ありけり」って言ったら「という人がいた」って意味になって、「悲しけれ」って言ったら「悲しいなあ」みたいな意味になるって感じだよね。

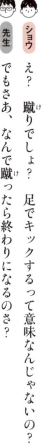

ショウ　へえー。え？　この「けり」なの？

先生　そうだよ。実は「けりをつける」の「けり」は、この古文の「けり」なんだ。

「けりをつける」の意味

文末に古文の助動詞《じょどうし》「けり」が付くと、文の終わりになる。このことから、「けりをつける」というのが、「終わりにする」という意味になったという説がある。

サチ子　そっか！　たしかに、文末に「けり」がついたら、終わりになるもんね。

ショウ　知らなかったな……。わりと古文から影響《えいきょう》を受けた言葉って多いんだね。

先生　そうだよ。ことわざや慣用句《かんようく》から離《はな》れて、こんな話もある。

古文は役に立つ　その3　あなたは小学生ですか？

例えばあなたが、人から「あなたは小学生ですか」と言われたとする。このとき、どんな解釈《かいしゃく》が考えられるか？

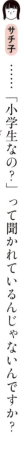

サチ子　……「小学生なの？」って聞かれているんじゃないんですか？

ショウ　だよねえ。僕《ぼく》もよく聞かれるよ。それ以外にはないんじゃない？

先生　そうだなあ。じゃあみんなのお母さんが、サチ子さんに「あなたは小学生？」って聞いたら、どう思う？

ショウ　お母さんボケちゃったのかなって。

先生　そうじゃなくて（笑）。サチ子さんが中学生なのをわかった上で聞いているとしたら？

サチ子　……「小学生じゃないのに、小学生みたいなことするな」って叱《しか》られているってこと？

先生　そうだよね。そう考えられるよね。

「あなたは小学生ですか」の2つの解釈《かいしゃく》

A：相手に対して「小学生かどうか」を質問《しつもん》している、「疑問《ぎもん》」の表現《ひょうげん》

B：相手に対して「あなたは小学生よりも上の学年（上の年齢《ねんれい》）だろう。それなのに、小学生みたいな行動をするのは、良くないことではないか」と怒《おこ》って聞いている、「反語」の表現《ひょうげん》

ショウ　ああ、「中学生なのに騒《さわ》いでばっかりで、あんた小学生じゃないんだから！」って意味ね。僕《ぼく》もよく「あんた幼稚園児《ようちえんじ》？」って言われることあるなあ。

サチ子　そっか、そういう意味なんだこれは。これも古文で使われているの？

先生 そうだね。こういう、わかりきったことを質問《しつもん》の形で言って、相手に強いメッセージを届《とど》けることを、「**反語**」っていうよ。サチ子さん、古文の授業《じゅぎょう》で勉強しているんじゃない？

サチ子 ああ！　なんか、「や」が使われている場合は反語になる場合が多い、って習った気がする。「かかるやうやはある」と言ったら、「このようなことがあるだろうか、いやない」ってなる、みたいな。

先生 そうそう。古文だと、しっかりと**「や」とか「か」とか、特定の助詞《じょし》がないと反語にならない。でも今だと、こういった助詞《じょし》がなくても、反語になる時がある。**

ショウ ってことは……古文より、現代語《げんだいご》の方が難《むずか》しいってこと？

先生 そうなんだよ！　現代語《げんだいご》の方が難《むずか》しくなってるの！　だから、**古文の勉強を事前にやっておくことで、現代語《げんだいご》の意味もより深く理解《りかい》できるようになるんだよ。**

サチ子 そっか、だから古文も勉強しなきゃならないのかー……。

国語ができる＝頭の中を整理できる！

先生　さて、そんなわけで古文も含《ふく》めて国語はすごく役に立つんだよ、って話をしてきたけれど、やっぱり僕《ぼく》は、**国語は人生に役立つ**と思うんだよね。

ショウ　人生に？

サチ子　それは、読解力《どっかいりょく》が身に付いたり文章がうまくなったりする、って話ですか？

先生　いや、もっと広い視野《しや》の話でね。そうだなあ、こんな問題を考えてみようか。

国語は人生の役に立つ　その1　頭を整理できる

次の文を読んで、解釈《かいしゃく》しなさい。

「太郎《たろう》はからかわれたように感じて、一郎《いちろう》を殴《なぐ》ってしまった」

ショウ　うーん？　解釈《かいしゃく》って言われてもね。

サチ子　太郎《たろう》くんが一郎《いちろう》くんからからかわれて、太郎《たろう》くんは一郎《いちろう》くんのことを殴《なぐ》ってしまった、ってことじゃないんですか？

先生　そう思うよね。ところが、そうとも言い切れない。たしかに、太郎《たろう》くんは一郎《いちろう》くんのことを殴《なぐ》ってしまった。これは事実だ。でも、もう一方の方はどうだろう？

ショウ　もう一方？　「太郎《たろう》くんが一郎《いちろう》くんからからかわれた」のところ？

サチ子　ああ、これは、「からかわれたように感じて」ってなってますね。

先生　つまりは、**太郎《たろう》くんが一郎《いちろう》くんからからかわれたかどうかはわからない**んだ。あくまで、太郎《たろう》くんがそう感じただけ。

次の文を読んで、解釈《かいしゃく》しなさい。
「太郎《たろう》はからかわれたように感じて、一郎《いちろう》を殴《なぐ》ってしまった」

❶ 太郎《たろう》くんが一郎《いちろう》くんからからかわれた

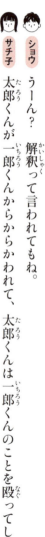

↓一郎《いちろう》くんは太郎《たろう》くんのことをからかったかどうかはわからない。でも、
太郎《たろう》くんはそう感じた

❷太郎《たろう》くんは一郎《いちろう》くんのことを殴《なぐ》ってしまった

ショウ　まあ、たしかに、「からかった」というつもりじゃないかもしれないもんね。ちょっとじゃれあってただけなのに、相手はやめてほしいと思っていた、みたいなこともあるもん。

サチ子　あー。友達との関係の中だと、あるような気がするなあ。

先生　**国語という科目はね、事実と意見を分けて考える科目**なんだ。今回の場合、事実と意見を分けて解釈《かいしゃく》すると、こんなことが見えてくる。

事実：太郎《たろう》くんは一郎《いちろう》くんを殴《なぐ》った
太郎《たろう》くんは、一郎《いちろう》くんから、からかわれたと感じた

意見（太郎《たろう》くんの意見）：一郎《いちろう》くんは、太郎《たろう》くんのことをからかった

ショウ　なるほどね。こう考えると、たしかに頭の中が整理できるね。

サチ子　一郎《いちろう》くんが太郎《たろう》くんのことをからかったかどうかはわからない、だけど太郎《たろう》くんがそう感じたのは事実、ってことだね。

ショウ　これをごちゃ混《ま》ぜで考えていると、たしかにあんまりよくない気がする。

先生　これを応用《おうよう》すると、こんなことも考えられる。

国語は人生の役に立つ　その2　意見から事実を見つけ出す

あなたはレストランのオーナーだ。だが、お店に人が全然来なくて困《こま》っている。その原因《げんいん》を探《さぐ》っているときに、「どんな原因《げんいん》が考えられる？」ということを従業員《じゅうぎょういん》3人に聞いてみた。

- 駅から離《はな》れていて立地が悪い。だから、あんまりお客さんから認知《にんち》されていない
- 味については、来店したお客さんからおいしいと評価《ひょうか》をもらっているので、悪くないと思う
- 接客態度《せっきゃくたいど》は、評価《ひょうか》サイトで★4だった。★5がマックスなので、まあまあではないか
- 周辺の住宅《じゅうたく》に「こういうお店ありますよ！」みたいなビラを配った方がいいんじゃないか
- 〇〇さんの接客《せっきゃく》があんまり良くないんじゃないか
- 注文を受けてから料理を提供《ていきょう》するまでのスピードが遅《おそ》いんじゃないか

ショウ　うげ、いっぱい意見があるね。

サチ子　でも、どれを取り入れたらいいんだろう？

先生　そんなときに、事実と意見を分けるんだよ。

サチ子 ああ、そっか。えーとこの中で事実になるのは……。

- **駅から離《はな》れている**
- **味について、お客さんからおいしいと評価《ひょうか》されたことがある**
- **接客態度《せっきゃくたいど》は評価《ひょうか》サイトで★4**

ショウ あ、この3つだけなのか。

サチ子 「駅から離《はな》れていて立地が悪い」でもいいんじゃないの？

先生 でもさ、「立地が悪い」のかどうかはわかんないよね。駅から離《はな》れているけど、車や徒歩では行きやすい場所なのかもしれない。

サチ子 ああそうか、立地が悪い、は意見なのか。

先生 さて、もっと言うのであれば、こういうことも考えられる。

意見：周辺の住宅《じゅうたく》に「こういうお店ありますよ！」みたいなビラを配った方がいい
→あまり、ビラを配ったことがないからこういう意見が出ているのでは？
意見：〇〇さんの接客《せっきゃく》があんまり良くないんじゃないか
意見：注文を受けてから料理を提供《ていきょう》するまでのスピードが遅《おそ》いんじゃないか
→こういう意見が出てくるということは、そんなふうなことをお客さんから言われたことがあるんじゃないか？

ショウ　なるほど、意見を受けて、その中から事実を見つけていくことができるのか！

先生　そうなんだよ。意見はただの個人《こじん》の感想なんだけど、**その感想が出てくるのはなぜか、と考えると、その中から事実が見えてくることがある。**

サチ子　事実と意見を切り分けて解釈《かいしゃく》することで見えてくることがあるんだ。

先生 そして、それは国語の勉強の中でいつもやっていることだ。**文章を読んで、「どういうことか答えなさい」とか「なぜこの登場人物はこう思ったのか答えなさい」とかって問題は、全部、事実と意見を聞いているよね。**

ショウ 「どういうことか答えなさい」は、事実を理解《りかい》するためのもので……。

サチ子 「なぜこの登場人物はこう思ったのか答えなさい」は、意見の中から事実を見つけるためのものってことですね。

国語の勉強を通して、事実と意見を切り分けて考える思考を身に付けることができる！

・「どういうことか答えなさい」
↓事実を理解《りかい》するもの

・「なぜこの登場人物はこう思ったのか答えなさい」
↓意見を整理し、その中から、その意見を持つに至《いた》った事実を探《さが》すもの

先生

そう考えると、国語の勉強って、社会に出てからも絶対《ぜったい》役に立つんだよね。文章を読んで答えを作るのにはあんまり意味がないと思うかもしれないけど、でも、役立つ時が必ず来ると思うんだ。

国語は、相手の話を読み取ることができるようになる科目！

- 相手の気持ちを、ちょっとした言葉から読み解《と》くことができるようになる

古文は、現在使われている言葉に影響《えいきょう》を与《あた》えている！

- 昔の言葉ってだけじゃなくて、今の言葉を理解《りかい》するのに役立つ

国語は、頭の中を整理できるようになる科目！

- 事実と意見を分けて考えたりして、ごちゃごちゃした頭の中を整理できる

第2章

英語

言語運用能《のう》力《りょく》と概《がい》念《ねん》理《り》解《かい》

英語から逃《に》げるのは日本語から逃《に》げること

「一生海外になんて行かないもんね！　英語なんて勉強しなくてもいいんだ！」という安直な考えで生きていたのが僕《ぼく》でした。またそこには、日本語ですら怪《あや》しいのに、英語なんて勉強しても、どうせ喋《しゃべ》れるようになれないに決まっている、という諦《あきら》めもありました。

　でも、英語の勉強をすることには、英語を理解《りかい》する以外のメリットも本当はあるんですよね。そもそも今や日本語の中には英語がたくさんあります。カタカナで使っている言葉はたくさんありますし、邦楽《ほうがく》を聞いていても英語の歌詞《かし》が出てくる場合もたくさんあります。英語から逃《に》げるというのは、日本語から逃《に》げるということと同じなのです。

　また、英語の勉強をしていく中で、日本語の言葉の意味がよくわかるように

なる場合もあります。例えば英語への翻訳《ほんやく》が難《むずか》しい日本語を知ることで、「これって日本古来の考え方なんだな」と理解《りかい》することができるようにもなります。「木漏《こも》れ日《び》」に該当《がいとう》する英語はないと言われていますが、ここには日本の自然に対する考え方が隠《かく》されているように感じますよね。また、「世紀末《せいきまつ》」に該当《がいとう》する英語は「the end of the century」で、そこには「この世の終わり」のようなニュアンスはないと言われています。「世も末」という考え方は「末法思想《まっぽうしそう》」という仏教《ぶっきょう》の歴史観《れきしかん》からきていると言われていますが、やはりこれは欧米《おうべい》にはなかなかない考え方なのだと考えることができるわけです。それなら中国語に直したらどうなるんだろう？　と考えていくと、いろんな国の価値観《かちかん》を知ることにもつながります。

外国人とお喋《しゃべ》りできるという理由だけなら、翻訳機《ほんやくき》の発達でもう英語の勉強の意味はなくなってしまうかもしれません。でも、それ以上に、「言葉から頭が良くなる」ということがあるから、英語の勉強は大切なのではないかと思います。この章でそれがみなさんに伝われば幸いです。

英語＝日本語にもつながっている！

ショウ　先生！　英語の勉強やりたくない！

先生　直球だなぁ……どうしたの？　なんでやりたくないの？

ショウ　だってさー。別にやらなくても良くない？　海外行かなければいいじゃん。

先生　うわ、典型的《てんけいてき》なやつ‼　英語の勉強やりたくない生徒の言《い》い訳《わけ》ナンバー1のやつじゃん！

サチ子　私《わたし》は別に、海外に行かないからいい、とは思いませんが、でも今って翻訳機《ほんやくき》とかすごく発達してますよね。英語でメール打つのも、ChatGPTに任《まか》せればいいですよね。

先生　英語の勉強やりたくない生徒の言《い》い訳《わけ》ナンバー2だね、「翻訳機《ほんやくき》があるから良くない？」ってのは。

ショウ　そりゃあ、英語が勉強できた方が、海外の人と会話できるから楽しい、ってのはわかるよ？　でもさ、だからってこんなに時間かけて勉強しなきゃならないものなのかなあ。

サチ子　たしかに、もうちょっと大人になってからでもいいんじゃないか、って思ったりすることはあるよね。

先生　うーん、なるほど……まあでも、日本に生まれちゃってる時点で、英語の勉強はしておいた方が日本語の勉強になるしなぁ。

ショウ　え、どういうこと？

先生　そうだねえ、じゃあまず、「**ターミナル**」についてお話ししようか。

ショウ　ターミナル？

英語は楽しい「ターミナル」の謎《なぞ》

みなさんは日常《にちじょう》生活の中で「ターミナル」という言葉をかなり頻繁《ひんぱん》に使っているのではないでしょうか。

駅の近くにある「バスターミナル」を使って移動《いどう》することもあると思いますし、飛行機に乗る時に「第一旅客《りょかく》ターミナル」とか「国際線《こくさいせん》ターミナル」

に向かうこともあるでしょう。「ターミナル」とついた場所を使ったり、ターミナルを利用したりする経験《けいけん》は多いのではないでしょうか。

でも、ターミナルって一体どういう意味の英単語なのか、みなさんはわかりますか？

ショウ えー、知らないよそんなの。ターミナルはターミナルでしょ？

先生 まあまあ、そう言わずにさぁ。しっかり考えてみようよ。

ショウ うーん、ターミナルねぇ。なんか、バスの停車駅《ていしゃえき》みたいな意味で使ってたけどね。

サチ子 あーたしかに。あれ？　でも普通《ふつう》のバス停《てい》はターミナルって言わないよね。駅のところにある、大きめのやつを「バスターミナル」って呼《よ》んでるけど。

ショウ それはそうだなあ。え？　でもそう考えるとターミナルってなんなんだ？

先生 難《むずか》しいでしょ？　じゃあ、一個《こ》だけヒントをあげようか。

英単語：term（ターム）。「範囲《はんい》の限定《げんてい》」を原義《げんぎ》に持つ言葉で、「期間（時間を限定《げんてい》するため）」「用語（言葉の意味を限定《げんてい》するため）」という意味を持つ
では、terminal は？

先生 大学に入ると、1学期のことを、「第1ターム」とかって言ったりするんだよね。時間という範囲《はんい》を区切っているんだね。

ショウ 「4月から6月まで」みたいなことなのかな。

サチ子 「AからBまで」みたいなこと？

先生 ちなみに、「人間関係」って意味もある。これはあれだね。「友達以上恋人《こいびと》未満」みたいなやつだね。相手との関係性《かんけいせい》も、範囲《はんい》が限定《げんてい》されている、みたいな。

サチ子 ああ、少女漫画《まんが》でよくあるやつですね。

ショウ （……少女漫画《まんが》読まないから全然ピンと来てないけどまあいいや）

先生 さて、それとターミナルはつながりがあるわけだけど、どんな意味だと思う？

サチ子 うーん。そういえば、バスだけじゃなくて、空港でも使うよね。「第一旅客《りょかく》ターミナル」みたいな。

ショウ そういえば！　それで、どこか他の空港のターミナルに行くわけだよね。

サチ子 ってことはつまり……。**ターミナルからターミナルに移動《いどう》してる**、ってことかな？

先生 お、いいね。正解《せいかい》正解《せいかい》。

答え

ターミナル：出発であり終着のこと。バスや飛行機の路線の範囲《はんい》を限定《げんてい》するためのものとして、出発点であり終着点のことを指す

先生 出発駅と終着駅、両方のことを指すわけだね。

サチ子 ああ、そう考えてみると、ナントカ線の終わりの駅って、逆《ぎゃく》に言えば始まりの駅でもあるもんね。

ショウ ん？　どういうこと？

サチ子 いや、例えば京王線だったらさ。京王八王子駅から出て、新宿駅に行くでしょ？　で、新宿駅が終点だけど、その電車は今度は新宿駅発で京王八王子駅まで行くわけじゃん？

ショウ ああ！　始発駅って、終着駅なのか！　で、京王八王子駅と新宿駅の2つの駅で、範囲《はんい》が限定《げんてい》されて「京王線」って路線が生まれてるってことなのか。

先生 まさにそういうことよ。ちなみに、このタームの謎《なぞ》がわかると、いろんな言葉もわかる。例えば「**ターミネーター**」。知ってる？

ショウ ああ！　映画《えいが》ね！　アーノルド・シュワルツェネッガー主演《しゅえん》の！

先生 詳《くわ》しいな!?　なんでそんな詳《くわ》しいの!?

ショウ いや好きなんだよシュワちゃん。

先生 へ、へえ……。

サチ子 ちなみに私《わたし》はわからないです。その映画《えいが》も聞いたことないし、「ターミネー

ター」の意味もわからないです。どんな映画《えいが》なの？

ショウ　いやなんか、ロボットであるシュワちゃんが未来をロボットの世界にするために人類を滅《ほろ》ぼそうとすんだよ。

サチ子　へえー。なんでそれが「ターミネーター」なの？　なんか範囲《はんい》の限定《げんてい》のニュアンスがあるの？

ショウ　え⁉　そう聞かれても、わかんないよ。ターミネーターはターミネーターだし。

先生　そうだよね。わからないよね。でも、こう考えるとわかるんじゃない？

「ターミネーター」の意味

ターミネーターは造語《ぞうご》なのですが、似《に》た言葉の「termination」が「終了《しゅうりょう》」という意味で、「ターミネーター」は「終わらせるもの」という意味になります。ターミネーターのスペルは terminator で、terminate（「終結する」

「終わる」という意味の動詞《どうし》＋or（〜する人）、という構造《こうぞう》になっています。
だから、「人類を終わらせるもの」＝「ターミネーター」なのです。

先生　つまり、**「人類が始まってから今まで続いてきた人類の歴史《れきし》を終わらせて、ここで人類史《じんるいし》という範囲《はんい》を限定《げんてい》する」**という意味になるわけよ。

サチ子　へー、人類を終わらせる＝ターミナルってことね。

ショウ　そんなこと考えずに映画観《えいがみ》てたなぁ。

先生　うん。ちなみに、他にもこんなに「ターム」「ターミナル」につながる言葉がある。

「ターム」「ターミナル」につながる言葉

「ターミナルケア」＝「終末期医療《いりょう》」・「人生の終わりが近い人に対する医療《いりょう》

行為《こうい》」

オギャアと赤ちゃんとして生まれるのが「始まり」とするなら、「終わり」が近い人に対する医療《いりょう》、という意味になる。

「determination」=「決心する」・「決意する」

一見、「範囲《はんい》の限定《げんてい》」とは関係がなさそうだけど、しかしよく考えてみるとわかるはずです。「決心する」時に、私《わたし》たちは「悩《なや》んでいる状態《じょうたい》」に終止符《しゅうしふ》を打ちます。「どうしよう」とか「この選択《せんたく》で本当にいいんだろうか⁉」というふわふわした状態《じょうたい》をやめて、「決めた！　こうするぞ！」と「悩《なや》みの範囲《はんい》を決めて、悩《なや》みを終わらせる」から「決心」という意味になると考えられる。

先生　ということで、**日本語のカタカナの意味をしっかり理解《りかい》していると、英語の言葉を理解《りかい》しやすくなる。**どう？　面白《おもしろ》くない？

ショウ　まあ、たしかに知らなかったかな。面白《おもしろ》いと言えなくもない。

先生　でしょ？

サチ子 でも、さっきショウが言っていた、「英語の勉強をしたところで、海外に行って話さなかったら意味がない」という言葉に対する反論《はんろん》にはなっていないような。

先生 うーん、鋭《するど》いなあ。じゃあ、もう一個《こ》別の話をしよう。みんながパーティーに行くと仮定《かてい》した話だ。

ショウ サチ子 パーティー？

英語は役に立つ その1
「フォーマルな格好《かっこう》」ってどんな格好《かっこう》？

「フォーマル」という言葉がありますね。「フォーマルな格好《かっこう》で来てくださいね！」というような使い方をします。この場合の「フォーマル」は、どういう意味になるのか、考えたことはありますか？

みなさんはパーティーの招待状《しょうたいじょう》に「フォーマルな格好《かっこう》をして来てください」と書いてあったら、どんな格好《かっこう》をしていけばいいのでしょうか？

ショウ フォーマル……フォーマル？　なんか、こう、かっちりした格好《かっこう》、的な？

サチ子 わかる、なんか制服《せいふく》とか着て行くイメージがある。でも、どれくらい崩《くず》していいんだろう？

ショウ フォーマルってのも、なんか特殊《とくしゅ》な英単語なのかな？　まあ、カタカナなんだから当然といえば当然だけど。

先生 ショウくんは、野球をやっていたよね。ボールを投げるときに、いい投球フォームをしようね、って言われたことない？

ショウ 言う言う！　右足を伸《の》ばして、手首をしならせて……って、なんの話？

サチ子 もしかして、フォーム？　これがフォーマルと関係あるんですか？

先生 そうなんだよ。フォームとフォーマルは兄弟関係なんだよ。

サチ子 へえー。でもフォームって、どういう意味だろう？

「フォーム」（=form）は「形」。もっと言うと「外から見た形」のこと

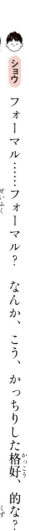

野球・テニス・ゴルフではバットやラケット、クラブを振《ふ》るフォームが問題になるが、これは「どの位置に腕《うで》が来ていて、どの位置に脚《あし》があって……」と、外から見た特徴《とくちょう》を指しているところから来ている。
さて、フォーマルとの関係は？

ショウ　そっか、スポーツでは「フォームが大事！」ってよく言うよね。でも、「外から見た形」だったとは知らなかったなぁ。

サチ子　そういえば、「フォーメーション」って言葉もあるよね。外から見たときにどう並《なら》んでいるか、みたいな意味。

先生　そうそう、それそれ。それも「フォーム」から来ているよ。

ショウ　でも、肝心《かんじん》のフォーマルがわからないなぁ。

先生　うーん、たしかに発想の転換《てんかん》が必要かもしれない。ヒントは、「形」という言葉だね。サチ子さん、「形」から連想する言葉、何かないかい？

サチ子　えー？　形？　……うーん。形状《けいじょう》とか三角形とか、形式とか……あ、形式？

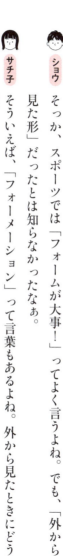

先生

わかったようだね。

答え

「フォーマル」（＝formal）はその場に合った、正式な格好《かっこう》のことを指し、「その場に応《おう》じた形」になっていること

例：「フォーマルな格好《かっこう》」＝「その場の形式に則《のっと》っていること」。そこから転じて「形式ばっていて、外見的にしっかりしている状態《じょうたい》」のことを指す

補足《ほそく》：形式ばっている、という言葉がある。これは、形に合わせていることを指し、そこから転じて遊びがなく、完全にそれに則《のっと》っている状《じょう》態《たい》のことを「形式ばっている」と表現《ひょうげん》する

先生

「その場に合っていること」が重要なわけだね。例えば、ハワイでの結婚式《けっこんしき》だっ

たら、アロハシャツで参加するのが「フォーマル」＝「形式に則《のっと》っている」ことになる。

ショウ　制服《せいふく》とか、礼服とか、そういうかっちりした格好《かっこう》だったらいいってわけじゃないんだね。

サチ子　お祝いの式典ならモーニングコート、お葬式なら真っ黒い礼服じゃなきゃいけないんでしょ？　それと同じで、その場の形式に合ってなきゃダメってことなんだね。

先生　そうそう。**フォーマルという英語の意味をわかっていないと、日本語を使っている時でさえも、間違《まちが》った理解《りかい》をしてしまう**わけだね。

ショウ　日本語なのに、英語の意味がわからないと意味が完全には理解《りかい》できないんだ……。

サチ子　日本語って、英語がいっぱい使われているんですね。

先生　だって、よく考えてごらん？　外国語の音とアクセントを「外来語」として取り込んで、カタカナっていう文字で表記する。そんな言語なんてある？　僕《ぼく》は日本語以外には聞いたことがないよ。

ショウ　そういえばそうだね。

先生　日本は、英語圏《えいごけん》以外で一番英語を使っている国だと言われていたりする。

サチ子　そうなんですね。そう考えると、日本語を理解《りかい》するために、英語を勉強するといいことがある、というのは納得《なっとく》できる気がします！

先生　ちなみに、こんなことも考えてみようか。

英語は役に立つ　その2　『人間失格《しっかく》』を英訳《えいやく》してみよう！

太宰治《だざいおさむ》の小説『人間失格《しっかく》』は、ある男の転落人生を描《えが》く物語。人間らしい葛藤《かっとう》や人間臭《にんげんくさ》さから大きな評価《ひょうか》を得ている文学作品。
では、この題名を英語版《えいごばん》に直すとき、どんな英語になると思う？

ショウ　えー、『人間失格《しっかく》』？　読んだことない。

サチ子　私《わたし》も。題名は知ってるけど。

ショウ　まあでも、まずはChatGPTに聞いてみよう。

先生　おお、現代《げんだい》っ子《こ》だなぁ。

ショウ　えーと……「disqualification of human being」、だって。

サチ子　disqualification って何？

先生　レースとか試合とかで、出場する資格《しかく》がない状態《じょうたい》のことだね。「この試合に出るクオリティ（＝資質《ししつ》）がない」という意味になる。

サチ子　……失格《しっかく》、ってそういう話かなあ？

ショウ　だよね。失格《しっかく》っていうより、なんというかこう、人間的に間違《まちが》っているというか、ダメ人間というか、そんな意味な気がするんだよなぁ。

先生　そうそう、**ただ翻訳《ほんやく》するだけだったら機械でもできる。でも、ただ日本語を英語にしたり、日本語を英語にしたりするだけだと、見えてこないこともあるん**だよね。

ショウ　うーん、ダメ人間、失敗した人間……そんな意味になる方がいい気がするんだよなぁ。

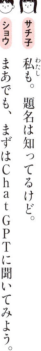

先生

ちなみに、僕《ぼく》の好きな小説の話をしよう。

ヒント

西尾維新《にしおいしん》の小説『クビシメロマンチスト』では、「人間失格《しっかく》」と呼《よ》ばれるキャラクターが出てきます。

その英語版《えいごばん》の小説ではそのキャラは「human failure」と訳《やく》されています。「failure」が「間違《まちが》い」とか「失敗」という意味なので、実際《じっさい》に英語圏《えいごけん》で使われる時には「human error」（＝人的ミス）と同じようなニュアンスの言葉として使われています。要するに「機械などではなく、人の失敗」みたいな意味ですが、この小説ではそういう意味ではなく、「失敗作の人間」みたいな意味合いで使われています。

ちなみにこの小説では、「人間失格《しっかく》」と同じような意味で、主人公のことを「欠陥製品《けっかんせいひん》」という言葉で表現《ひょうげん》しています。こちらは英語版《えいごばん》だと「damaged goods」（＝ダメージを受けた品物）と訳《やく》されていました。これも見方によっては「人間失格《しっかく》」っぽいかもしれないですね。

ショウ さっきより、よくわかる！ なんかそれっぽい！

サチ子 いや、なんですか「人間失格《しっかく》」って呼《よ》ばれるキャラクターって……。

先生 西尾維新《にしおいしん》先生は、よくそういう面白《おもしろ》いネーミングをするんだよね。

サチ子 で、これ実際《じっさい》答えはどうなんですか？ human failure なんですか？

先生 ところがちょっと違《ちが》う。答えはこちらです。

答え

「No longer human」

「No longer」で、「もはや〜ない」という意味なので、「もはや人間ではない」となります。
『人間失格《しっかく》』は、「人でなし」で、「人間として間違《まちが》っている」、というニュアンスの書籍《しょせき》なので、「No longer human」は納得感《なっとくかん》のあるタイトル付けだと考えられますよね。

ショウ　あー、そうきたか！　たしかに、「人間失格《しっかく》」って「人じゃない」ってことだもんね。そこに「もはや」ってついてるのもそれっぽい！

先生　そうそう。こんなふうに、**日本語をよりよく理解《りかい》するためには、英語の勉強をした方がいいんだよね。**その方が、日本語も豊《ゆた》かになっていくことがあるわけだね。

サチ子　なるほどー。

外国語＝その文化を反映《はんえい》したもの！

ショウ　他にも、英語を勉強するメリットってあるの？

先生　他かぁ。そうだなあ、言語って、その国の考え方がすごく反映《はんえい》されている場合があるんだよ。例えば、「天《あま》の川」とかね。

ショウ　天《あま》の川？

英語は役に立つ　その3　「ミルキーウェイの謎《なぞ》」

七夕《たなばた》のシーズンに見える「天《あま》の川」。日本だと川ですが、英語になると、天《あま》の川は「milky way」と訳《やく》します。直訳《ちょくやく》すると「牛乳《ぎゅうにゅう》（ミルク）の道」ですね。

なぜ、英語圏《えいごけん》では「牛乳《ぎゅうにゅう》」に見えるのでしょうか？

ショウ なんで、って言われても、そんなのわかんないよ！

先生 まあまあ、それでも考えてみようぜ。そもそもさ、ショウくんは天《あま》の川が牛乳《ぎゅうにゅう》の道に見える？

ショウ え、見えたことないけど。正直、「ミルキーウェイ」って言われても、そうは見えない。

先生 そうだよね。じゃあなんで、天《あま》の川は牛乳《ぎゅうにゅう》に見えるんだと思う？

サチ子 んー、気候条件《じょうけん》が違《ちが》ったりするわけじゃないですよね？　外国だとちょっと白みがかって見えるとか、そういうことはないですよね？

先生 ないね。そんなことは発生しないと思っていいよ。あくまで見ているものは同じで、それに対して別の見方をしているという話だ。

ショウ んーとなると、「牛乳《ぎゅうにゅう》」という言葉に何かヒントがあるのかなあ。

サチ子 牛乳《ぎゅうにゅう》ねえ。あんまり私《わたし》飲めないんだけど。

ショウ 僕《ぼく》は毎朝飲んでるよ！

先生 じゃあ、ヒントをあげよう。牛乳《ぎゅうにゅう》はもちろん「牛」が供給《きょうきゅう》してくれるものだ。さて、牛って英語でなんて言う？

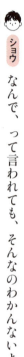

ショウ なんだっけ？ cow？ カウボーイのカウだよね。

サチ子 オックスって言い方もありましたよね。

ショウ え、そんな言い方もあるの？

先生 牛という意味の英単語は、本当にたくさんある。

牛を表す英単語

cattle（家畜《かちく》としての牛の総称《そうしょう》）
cow（雌牛《めうし》）
bull（雄牛《おうし》）
bullock（去勢牛《きょせいぎゅう》）
beef（牛肉）
calf（子牛）
ox（動物学的な総称《そうしょう》）

ショウ　多っ⁉

サチ子　考えてみると、日本語だと「牛肉」って言うけど、英語だったら「beef」だよね。cow meet ではないんだ。

先生　さて、じゃあなんでこんなに牛の言い方があるんだと思う？

サチ子　えー、うーん。

ショウ　そもそも、言葉って、どういう時に多くなっていくんだろう？

先生　そうだねえ。じゃあ、ショウくんは、あだ名とか愛称《あいしょう》とかってあるの？

ショウ　まあ、いろいろあるよ。普通《ふつう》にショウとか、しょうちゃんとか、しんちゃんなんて呼《よ》ばれることもあるけどね。

先生　そうだよね。いろんな人に会っていると、いろんな呼《よ》び方《かた》が生まれるようになる。逆《ぎゃく》に言えば、いろんな呼《よ》び方《かた》が生まれるってことは、それだけ親しみがあるということだよね。

ショウ　親しみがある……。まあ、そっか。みんな仲良しだから呼《よ》び方《かた》が生まれるんだよね。

サチ子　……牛って、そんな親しみあるかなあ？

ショウ　僕《ぼく》らはわかんないよね。でももしかして、海外だと牛は人気なのかな？

先生　いい勘《かん》してるねぇ。それだよ！

答え

牛は、英語が生まれたヨーロッパではすごくポピュラーな家畜《かちく》です。2022年のデータでは、アメリカだとなんと1億頭近く飼育《しいく》されています（世界3位）。イギリスでは1000万頭近く飼育《しいく》されていて、世界36位です。

それに対して、日本は世界61位で、約400万頭程度《ていど》しかいません。こんなに牛を飼《か》っていて、牛と一緒《いっしょ》に生活している人たちなので、牛の言い方も多いし、空に浮《う》かぶ天《あま》の川も「牛乳《ぎゅうにゅう》の道」に見えるわけですね。

ショウ　あーなるほどね！　牛って、英語圏《えいごけん》だといっぱい飼《か》ってるのか！　だからこんなに牛の言い方って多いんだね。

サチ子　ってことは逆《ぎゃく》に、言い方が多い言葉って、その国でよく使われているってこと
なのかな。

先生　そうだね。例えば、イギリスってすごく紳士《しんし》が多くて、マナーを守るイメージ
とかあるでしょ？

ショウ　「マナーが　作るんだ　人間を」……。

先生　……なんで「キングスマン」？

ショウ　映《えい》画《が》が好きなんだよ！

サチ子　それはよくわからないけど、まあ、マナーを守ったり、形式とかルールとか
守っているイメージはあるよね。

先生　そうそう。で、英語にはルールとかマナーとか形式とか、そういった言葉が多
いんだよね。って言うか、「**ルール**」「**マナー**」って、カタカナ語だしね。

ルールを示《しめ》す英単語

rule（ルール・規則《きそく》）
principle（原理・行動規範《きはん》）
regulation（規則《きそく》）
manner（マナー・行儀《ぎょうぎ》・風習）
formula（標準的《ひょうじゅんてき》な例）
pattern（パターン・型《かた》）

サチ子 たしかに多いですね。「習慣《しゅうかん》」だったら、他にももっとあるんでしょ？「habit」とか。

先生 そうだねえ。custom とか、practice とかね。

ショウ でもさー、それって英語だけなの？

サチ子　え？

ショウ　日本語でも、「ルール」とか「マナー」と同じ意味の言葉って多くない？「規《き》則《そく》」「規律《きりつ》」「礼儀《れいぎ》作法」、それからさっきあった「形式」……いっぱいあるじゃん。

先生　そうだよね。日本も日本で、規律《きりつ》を重んじる価値観《かちかん》があるわけだ。こんなふうに、**言葉を勉強すると、その言葉を使っている人たちの価値観《かちかん》も見えてくるこ**とがあるんだ。

サチ子　英語だけじゃなくて、日本語も、ってことなんですね。

先生　ちなみに、寒いところで生活しているイヌイットという民族は、雪の種類を20通りにも呼《よ》び分《わ》けていると言われている。

ショウ　20!?

先生　きめ細かい雪はプカク、吹雪《ふぶき》はペエヘトク、雪の塊《かたまり》はアウヴェク、みたいな感じらしいよ。

ショウ　それだけ、雪に慣《な》れ親《した》しんだ民族だってことなんだね。

先生　だから、英語の勉強をすると、その人たちが何を考えている人たちなのか、ということもわかるようになるわけだよ。

英語は、英語の能力《のうりょく》だけでなく、日本語の能力《のうりょく》も高めてくれる科目！

- 日本語の中にも、英語に類するものはたくさんある
- 言葉を深く理解《りかい》するためには、英語に直してみることが有効《ゆうこう》な時がある

言語とは、その国の文化を表したもの！

- 言語を理解《りかい》することで、その国の価値観《かちかん》が見えてくることもある

第3章

算数・数学

分《ぶん》解《かい》思考能《のう》力《りょく》と先読み力

算数・数学は「思考の仕方」を学ぶこと

「二次関数とかいつ使うんだよ！」「三角関数とか、大人になってから使うわけでもないのに、なんでこんなに勉強しなければならないんだ！」と考えてしまいがちになるのが、算数や数学の勉強ですね。特に文系《ぶんけい》の人であれば、「一生使うことはない」と思いながら勉強していた人もいるかもしれませんし、「数学なんて無理！複雑《ふくざつ》な数式を見るだけで気分が悪くなる！」という人もいるかもしれません。算数や数学が一番、苦手で嫌《きら》いな人が多い科目なのではないかと思います。

でも結局、算数や数学って、その中身を使うために勉強するというよりは、思考の仕方を学ぶことができるという面が強いと思うんですよね。

東大教授《きょうじゅ》の西成活裕《にしなりかつひろ》氏は、著書《ちょしょ》『東大教授《きょうじゅ》の考え続ける力がつく思考習《しゅう》

慣《かん》』の中で、「多段《ただん》思考力」という能力《のうりょく》を説明しています。これは、「常《つね》に思考の階段《かいだん》のもう1段《だん》先を考える力」のことであり、この能力《のうりょく》があれば勉強だけでなく仕事でも活躍《かつやく》できると述《の》べています。常《つね》に一歩先を見ていて、「A」という事象《じしょう》を見て、「AということはBだな」と、もう一歩先の「B」を思考することができるようになるのが、算数・数学を勉強する中で身に付いていくことなのだ、と。たしかに計算をしている時、「これはこうなるだろうな」「こうした方が後の計算が楽になるな」と先読みしていますよね。要するに、先読みする力が算数や数学を勉強する中で身に付いていくということですね。

この章では、数とはどれくらい不思議なものなのか、二次関数はなんで勉強しなければならないか、そうした勉強を何にどう活《い》かしていけるのかについてまとめています。ぜひ算数・数学を、その内容《ないよう》だけで嫌《きら》わないでいただければと思います。

数＝この世界は数で満たされている！

ショウ　算数とか数学とか、頭がごちゃごちゃするから嫌《いや》なんだよなぁ。

サチ子　記号とか出てきたり、＋と－が出てきたりして、大変だもんね。私《わたし》も、点数は悪くないけど苦手だなあ。

ショウ　僕《ぼく》は点数も悪いんだよなぁ……。ねえ先生、なんで算数とかやんなきゃならないの？　やっても意味なくね？

先生　おお、一番答えに困《こま》る科目が来たなぁ。でもそうだね、これもしっかり答えよう。まずは、数が楽しくなるような話をしてあげよう。

ショウ　ええ〜？　数が面白《おもしろ》いと感じることなんてないよ！　僕《ぼく》に面白《おもしろ》いと感じさせるのは難《むずか》しいよ！

先生　そんなことで威張《いば》るなよ……。そうだなぁ、じゃあ「**12の不思議**」って話をしようかな。

ショウ　サチ子　12の不思議？

数は楽しい　12の不思議

12という数字は不思議な数字で、別にキリがいいわけでもないのに、世の中の至《いた》るところにたくさん存在《そんざい》しています。

例えば午前と午後は12時間で構成《こうせい》されています。1年は12ヶ月《かげつ》で構成《こうせい》されていて、12星座《せいざ》が当てはめられています。

その上、1ダース＝12という数え方もありますね。12という数は、世の中の様々なところで使われているのです。

これは、いったいなぜなのでしょうか？

ショウ　たしかに、干支《えと》も12だし、12ヶ月《かげつ》だし、12って多い気がする。でもそんなの理由あるの？

サチ子　あー、私《わたし》これわかったかも！

ショウ　マジ⁉　ヒントくれよ！

サチ子　**約数**、かな。

ショウ　約数ってなんだっけ？

約数

「その整数を割《わ》り切《き》ることができる整数のこと」を指します。例えば「6」は2とか3で割《わ》り切《き》ることができますよね。また、6÷6＝1であり6÷1＝6なので、6と1でも割《わ》り切《き》ることができます。ということで、6は「1、2、3、6」という約数を持っているということになります。

ヒント

12という数字の約数は、何個《なんこ》でしょうか？　1でも2でも、3でも4でも、6でも12でも割《わ》れるのが12という数。ということは、12の約数は6個《こ》になります。

先生 サチ子さん、多分合ってるよ！　答え教えてくれる？

サチ子 ずばり、**12がいろんな数で割《わ》れるから**、ですよね？

先生 正解《せいかい》！

答え

12という数字は約数が多いです。2でも3でも4でも6でも割《わ》り切《き》れます。そして、割《わ》り切《き》れるということは、いろんなメリットがあります。

例えば、12個《こ》のお菓子《かし》があるとき、2人でも3人でも4人でも6人でも均《きん》等《とう》に配分することができます。

これが10個《こ》だった場合は、こうはできないでしょう。10個《こ》のお菓子《かし》を、3

人や4人で割《わ》り切《き》ることはできません。3人兄弟で10個《こ》のお菓子《かし》を分け合う状態《じょうたい》だったら、ケンカになってしまうかもしれません。
これと同じことが、時間でも言えます。1年は4つの季節で分割《ぶんかつ》されていますが、仮《かり》に10ヶ月《かげつ》だったら、4つの季節では割《わ》り切《き》れないですよね。1年が12ヶ月《かげつ》だから、4つの季節に分割《ぶんかつ》できるわけです。1年が10ヶ月《かげつ》だったら、もしかしたら四季はなかったかもしれないのです！
「多くの数で割《わ》り切《き》れる」というのは、様々なメリットがあるのです。だからこそ12という数は多くの場所で使われていると考えられます。

先生 どんな数を使うかによって、その後の配分がうまくいくかどうかが決まったりする。そういう意味では、数って実は、平和に貢献《こうけん》しているかもしれないんだよ。

サチ子 先生、13って不吉《ふきつ》な数だって言われているけど、これって……。

先生 うん。もしかしたら、「12までだったら平和な状態《じょうたい》で割《わ》りやすいのに、＋1されたら13になって、素数《そすう》になってしまうから」かもしれないよね。

ショウ　素数《そすう》ってなんだっけ？

素数《そすう》

「1とその数以外を約数に持たない数」のこと。小さい順に2、3、5、7、11、13……と続いていく。12は約数が6個《こ》もあるので、「争いを生みにくい数」なのに、13は素数《そすう》なので約数は1と13の2つだけ。「争いを生みやすい数」と言えるのかもしれない。

ショウ　なるほど……。数って、奥《おく》が深いんだね。たしかにこれは面白《おもしろ》いかも。

先生　そう言ってもらえてよかった。数はいろんな場所にあって、我々《われわれ》の生活にもすごく密着《みっちゃく》しているから、勉強していて楽しいことも多いんだよ。

算数＝騙《だま》されないために必要!?

ショウ でも、これじゃ納得《なっとく》しないもんね！

先生 ええ!?

ショウ 楽しいのはわかったけど、別に算数の勉強をしたって、社会に出てから役に立つかどうかなんてわかんないじゃん！

先生 えー？　役に立つと思うけどなぁ。

サチ子 まあ、たしかに買い物とかでお金の計算をしたり、将来《しょうらい》会社に入ったら計算は必要になるかもしれないけど、勉強として必要かどうかはわかんないよね。

ショウ ってかさ。計算さえできれば別に算数の勉強なんていらないんじゃない？

先生 ふーむ。でもね、算数の勉強をしていないと、実は結構簡単《けっこうかんたん》に騙《だま》されちゃうかもしれないんだよ。

ショウ え？　騙《だま》される？

先生 そうだなあ、じゃあ2人に、こんなクイズを考えてもらおう。

算数は役に立つ その1 合格率《ごうかくりつ》のカラクリ

同じくらいの値段《ねだん》の、ある資格《しかく》試験のための塾《じゅく》に、A塾《じゅく》とB塾《じゅく》がある。

A塾《じゅく》の年間の合格者数《ごうかくしゃすう》が300人で、B塾《じゅく》の年間の合格者数《ごうかくしゃすう》は100人である。

さて、みなさんならどちらの塾《じゅく》の方がいい塾《じゅく》だと思いますか？

ショウ え？ こんなの簡単《かんたん》じゃん。A塾《じゅく》でしょ。

サチ子 私《わたし》もそう思う。やっぱり合格者《ごうかくしゃ》が多い方がいいじゃない？

先生 なるほど。ファイナルアンサー？

ショウ え、怖《こわ》。なんかカラクリがありそうだけど……。

先生 じゃあ、このクイズだったら、どっちの方を選ぶ？

同じくらいの値段《ねだん》の、ある資格《しかく》試験のための塾《じゅく》に、A塾《じゅく》とB塾《じゅく》がある。
A塾《じゅく》の年間の入塾者《にゅうじゅくしゃ》は3000人で、合格者数《ごうかくしゃすう》が300人である。
B塾《じゅく》の年間の入塾者《にゅうじゅくしゃ》は100人で、合格者数《ごうかくしゃすう》は100人である。
さて、みなさんならどちらの塾《じゅく》の方がいい塾《じゅく》だと思いますか？

サチ子　え⁉　じゃあB塾《じゅく》！　B塾《じゅく》、みんな受かってるじゃん！

ショウ　え、え？　どういうこと？

サチ子　「入塾者《にゅうじゅくしゃ》」÷「合格者《ごうかくしゃ》」＝「合格率《ごうかくりつ》」ってなるでしょ？　で、A塾《じゅく》の合格率《ごうかくりつ》は「300人÷3000人＝10％」。それに対してB塾《じゅく》の合格率《ごうかくりつ》は「100人÷100人＝100％」。ってことは、B塾《じゅく》はみんな合格《ごうかく》していて、A塾《じゅく》は10人に1人しか受からないってことじゃん。

ショウ　ああ、そっか！　じゃあB塾《じゅく》の方がいい塾《じゅく》なんだ！

先生　そうそう。こんなふうに、数をしっかり理解《りかい》していないと、簡単《かんたん》に騙《だま》されてしまうんだ。

ショウ やべー、ぼくも騙《だま》されちゃったよ……。

先生 **目に見えている数だけじゃなくて、分母を意識《いしき》しようってことだね。**

ショウ 分母？

分母を意識《いしき》しよう

合格率《ごうかくりつ》は、「合格者数《ごうかくしゃすう》／入塾者数《にゅうじゅくしゃすう》」。分数で表されるもの。
そして、合格者数《ごうかくしゃすう》という「分子」だけを比較《ひかく》していると、騙《だま》されてしまう。
大事なのは「分母」。割合《わりあい》は、分母の数によって変わってきてしまう。

ショウ そっか、あんまり意識《いしき》したことなかったなぁ。

先生 他にも、こんな話もあるよ。

あるお金持ちのところに手紙が届《とど》いた。「私《わたし》は未来を見ることができます。今月の株《かぶ》は上がるでしょう」。すると本当に株《かぶ》は上がった。次の月も手紙が来た。「今月の株《かぶ》は下がるでしょう」。すると本当に株《かぶ》は下がった。こうして10回ほど手紙が届《とど》いたが、いずれも未来が当たっていた。そして「こんなふうに自分は未来を当てることができますので、お金を私《わたし》に預《あず》けてみませんか？」と書いてあった。……さて、この手紙の送り主はどうして株価《かぶか》を予測《よそく》することができたのでしょう？

先生　なんでこの手紙の送り主は、株価《かぶか》を予測《よそく》できたんだと思う？

ショウ　ええ！　わっかんないよ！　本当に予測《よそく》ができたんじゃないの？

サチ子　……先生、これってさっきのクイズが関係してます？

先生　お、鋭《するど》いねえ。その通りだよ。

サチ子　だったら多分、わかりました。

ショウ ええ!?

これは、有名な詐欺《さぎ》の手口です。方法はとても簡単《かんたん》。「上がる」と書いた手紙と「下がる」と書いた手紙を、同時に多くの人に送っていたのです。そして株《かぶ》が上がったら、「上がる」と書いた手紙を送った人に向けて同じことをすればいい。そうすれば、何人かに1人、「全部当たっている!」と感じる人が出てくるわけですね。

ショウ なるほどー! そっか、たくさん送っている中で、1人だけだったんだ!

サチ子 これも、「分母」ですよね。当たっている人が1人いたけれど、それは分母が膨《ぼう》大《だい》だったからそうなっていただけだった、っていう話なんですよね。

先生 そうそう。じゃあ、もう一個《こ》、こんな問題も出してみようか。

算数は役に立つ　その2　グラフに騙《だま》されるな！

とある塾《じゅく》のパンフレットには、右の2つのグラフが載《の》っていて、「このように、我々《われわれ》の塾《じゅく》の方がA塾《じゅく》よりも結果が出る人が多いです。ぜひ、うちに入会しませんか？」と書いてありました。

さて、みなさんはこの塾《じゅく》は、A塾《じゅく》よりもいいと思いますか？

この塾の結果

n=671　（中学1〜3年生）

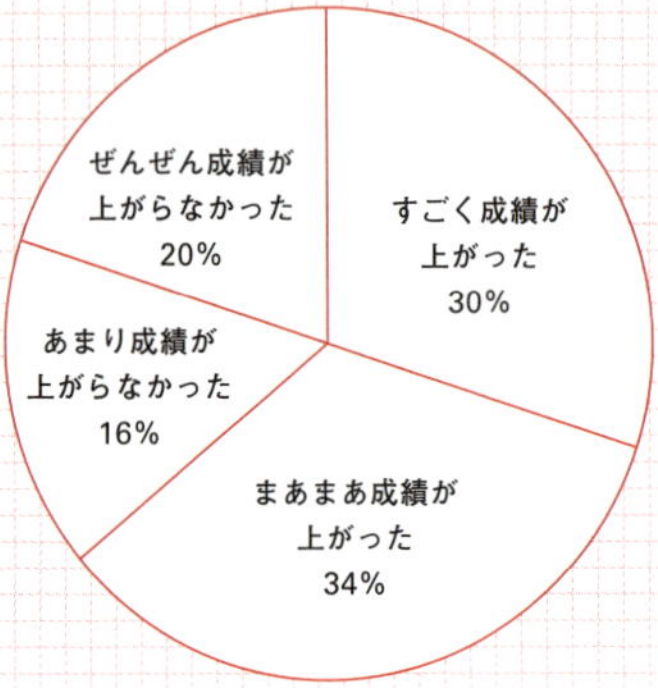

A塾の結果

n=69　（中学2年生）

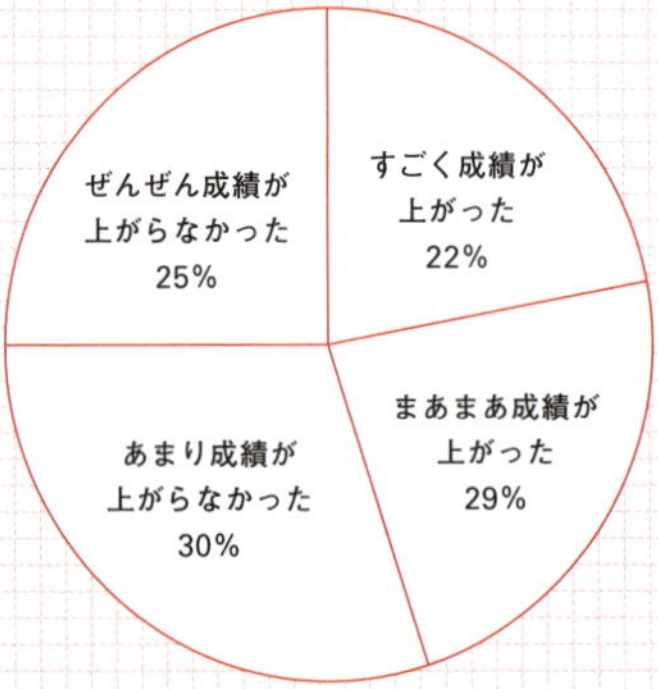

ショウ　え、この塾《じゅく》の方がすごく成績《せいせき》が上がってるんじゃん！　A塾《じゅく》よりもいいんじゃないの？

サチ子　うん、別に何か特に変わったことはないような気がするけど……。

先生　本当にそうかな？　例えば、両方の塾《じゅく》の、「すごく成績《せいせき》が上がった」と「まあまあ成績《せいせき》が上がった」を足してみてよ。

サチ子　え？　えーと、この塾《じゅく》では、「すごく成績《せいせき》が上がった」と「まあまあ成績《せいせき》が上がった」を足したら、30％＋34％＝64％。で、A塾《じゅく》の方は……。

ショウ　22％＋29％＝51％か。……あれ？　え、なんで？

サチ子　どうしたの？

先生　お、ショウくんは気付いたみたいだね。

ショウ　え、こんなのアリなの？　詐欺《さぎ》じゃんこんなの。

サチ子　え？　え？　なんの話？

先生　よーくグラフを見ると、このグラフのおかしさがわかるんだよねぇ。

A塾の結果

n=69　（中学2年生）

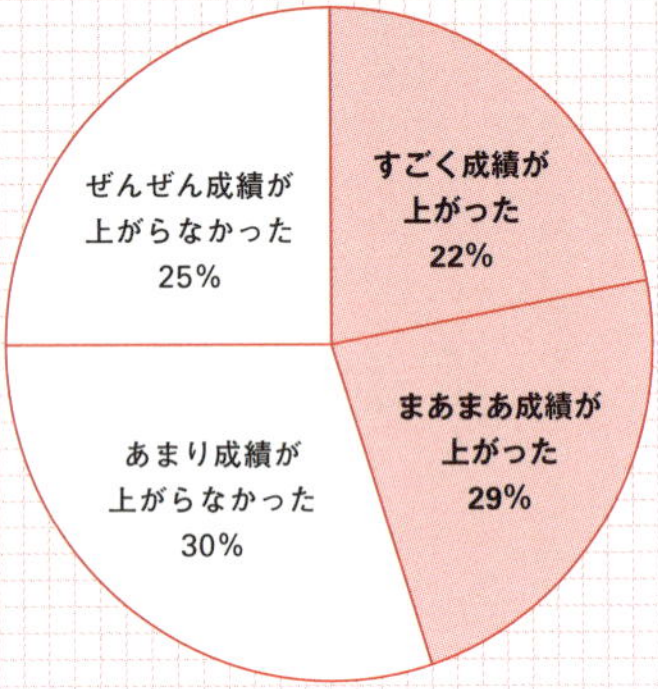

A塾《じゅく》の結果は、「すごく成績《せいせき》が上がった」が22％、「まあまあ成績《せいせき》が上がった」が29％で合計51％。なのに、A塾《じゅく》のグラフを見ると、過半数《かはんすう》を超《こ》えていない！

グラフとして不適切《ふてきせつ》で、わざとA塾《じゅく》の結果を悪く見せていることがわかる。

サチ子　ぜんぜん気付かなかった！

先生　それにね。もう一個《こ》、このグラフにはおかしなポイントがあるんだよ。サチ子さんだったら気付けるんじゃない？

サチ子　え？　……なんだろう？

ショウ　全然関係ないけど、n＝69ってなんの話？

サチ子　ああ、たしかそれは、ちょっと前に数学で勉強したような……あ。

先生　気付いたみたいだね。

n数

n数とは、サンプルの数のこと。n＝xという数式で、調査《ちょうさ》するサンプルの数がx人（件《けん》、個《こ》）であることを示《しめ》す。n＝100であれば、100人にアンケートをしたよ、という意味になる。

今回の場合、「この塾《じゅく》」はn＝671、「A塾《じゅく》」はn＝69。ということは……？

サチ子　つまり、この塾《じゅく》のデータはすごくいっぱいn数があるけれど、A塾《じゅく》のデータはサンプルが少なくて、データとして本当に正しいかどうかわからない、ってこと？

先生　そういうこと。

ショウ　ああ、そう考えてみると、成績《せいせき》が上がらなかった子を50人くらい集めてデータにしていれば、A塾《じゅく》のマイナスなデータが取れちゃうってことなのか。

サチ子　そう考えると、さらっと書いてあったけど、この塾《じゅく》のデータは中学1～3年生なのに、A塾《じゅく》のデータだけ中学2年生だね。もしかしたら、中学1年と3年は結果が出ているけれど、2年生だけは結果が出ていなかったのかもしれない。

ショウ　たしかに！　それだったら、A塾《じゅく》に不利なデータを出せちゃうもんね。

先生　パッとグラフを見ただけで判断《はんだん》していると、痛《いた》い目を見てしまう。騙《だま》されちゃう可能性《かのうせい》だって上がるんだよ。

ショウ　そういうものか～。

サチ子　「**数字は嘘《うそ》を吐《つ》かないが、嘘吐《うそつ》きは数字を使う**」って言いますよね。

ショウ　なにそれ？

先生　**数字って、いくらでも人を騙《だま》すことができる材料になっちゃう、って意味の言**

葉だよ。サチ子さんはよく知ってるね。

ショウ　そっかー、算数勉強しないと、詐欺《さぎ》に遭《あ》うかもしれないのかぁ。

数学＝頭の中を整えることができる！

サチ子　うーん、でも私《わたし》、中学で数学を勉強していると、「こんなこと勉強していて、何になるんだろう？」って思っちゃうんだよね。先生、数学ってなんのために勉強しなければならないんですか？

先生　あー、算数と数学は違《ちが》うもんね。数学の方が、関数がどうとか、変数がどうとか、新しい概念《がいねん》が出てくるもんね。ショウくんはどう思う？

ショウ　えー？　まあ、計算とかはできた方が、ゲームのスコアを計算したりするときに便利だと思うけど、でも数学って、計算とか以外にも、グラフとかいろいろやるんでしょ？　たしかに、そういうのって面倒《めんどう》くさい気がするんだよなぁ。

サチ子　二次関数のグラフがどうだとか、x軸《エックスじく》とy軸《ワイじく》がなんだとか、そんなの考えてても、つまらないんだよね〜。

先生 なるほど。

ショウ さすがにこれは先生だって反論《はんろん》できないでしょ！

先生 いや、反論《はんろん》したいわけじゃないんだけど……まあいいや、オッケー、じゃあ考えてみようか。題材は、そうだな。夏休みの宿題で考えてみよう。

数学は役に立つ　その1　優先《ゆうせん》順位をつけるには

夏休みの宿題をなんとかしたい。だが、どれから手をつければいいかわからない。どうすればいい？　どうやって優先《ゆうせん》順位をつける？

英語の問題集：8月20日まで。結構《けっこう》残っていて大変
読書感想文：8月20日まで。まだ本を読んでいない
数学の宿題：8月25日まで。もう少しで終わりそう
国語の宿題：9月3日まで。もう少しで終わりそう
日記：9月1日まで。溜《た》めてしまっているので難《むずか》しいかも

自由研究：9月1日まで。とりあえず題材は決まった

サチ子　ああ、夏休みの宿題、たしかにどれからやっていいかとかわかんなくなるときあるー。

先生　さあさあ、2人だったらどう整理する？

ショウ　うーん、どれから手をつけよう？

サチ子　まずは、締《し》め切《き》りが早いものからかなぁ。

ショウ　でも、時間がかかるやつは早めに取り組んでおかないと終わらないよね。

サチ子　たしかに……でも、それも考えると、どれからやっていいか本当にわかんなくなっちゃうよね。

ショウ　ってか、だから夏休みの宿題、溜《た》めちゃうんだよね。毎年、8月31日にやってるもん。

先生　なかなか大変そうだね。でも、そんな中でこう考えたら、どうなるかな？

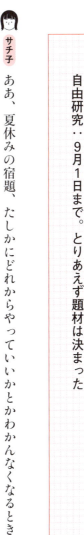

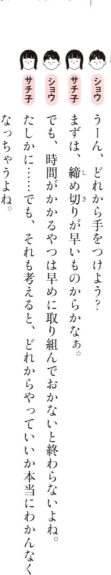

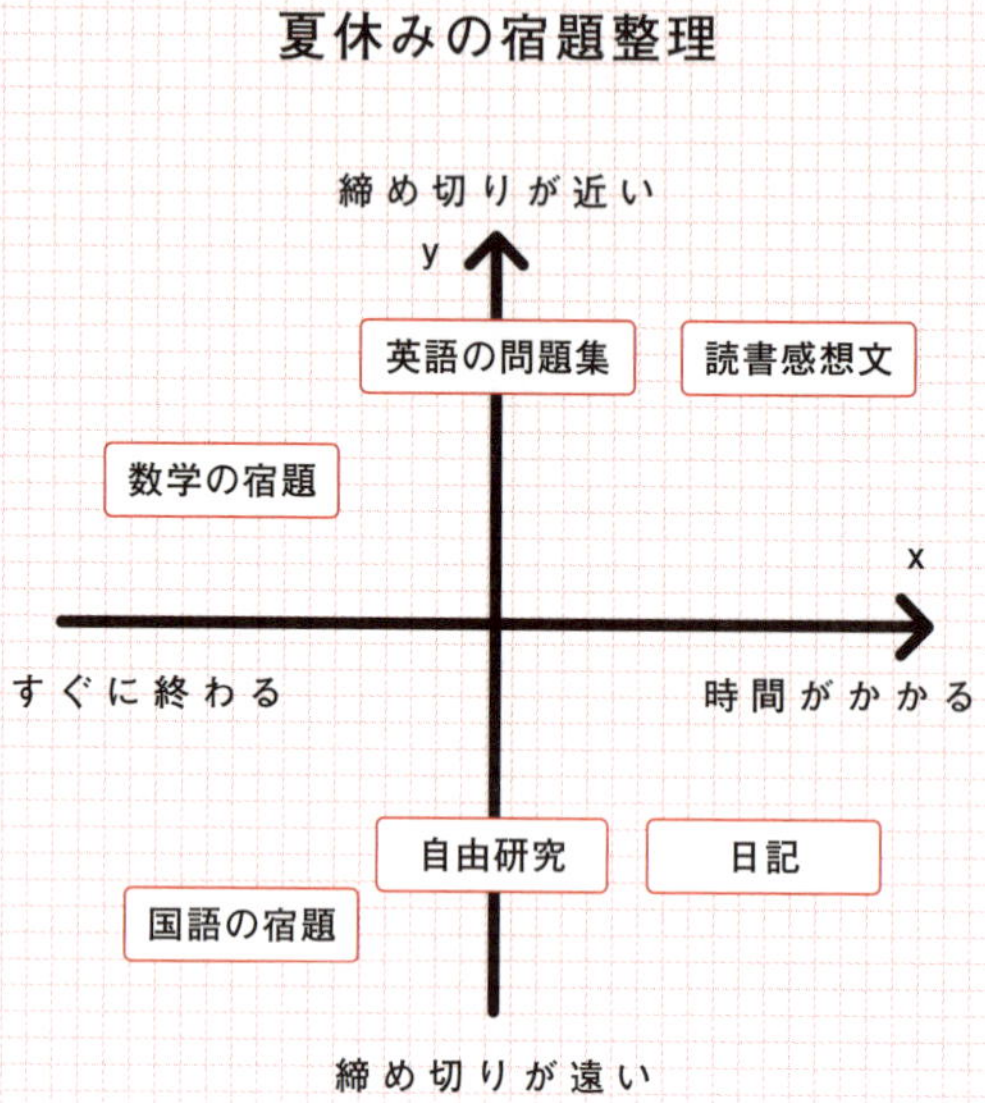

x軸《エックスじく》を「すぐに終わるか時間がかかるか」、y軸《ワイじく》を「締《し》め切《き》りが近いか遠いか」で分けてグラフを作ってみた結果。

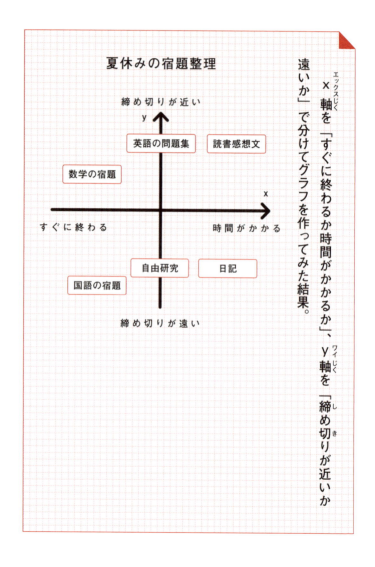

サチ子　え、これって、数学でいつも使ってるx軸《エックスじく》とy軸《ワイじく》のグラフ？

先生　そうだよ。x軸《エックスじく》を「かかる時間」、y軸《ワイじく》を「締《し》め切《き》りまでの時間」でおいている。こうすると、こんなふうに第1象限《しょうげん》から第4象限《しょうげん》に分けることができる。

1　y締《し》め切《き》りが近い　x時間がかかる

2　y締《し》め切《き》りが近い　xすぐに終わる

3　y締《し》め切《き》りが遠い　xすぐに終わる

4　y締《し》め切《き》りが遠い　x時間がかかる

ショウ　だいいちしょうげん？

先生　あ、それはこういうもので……。

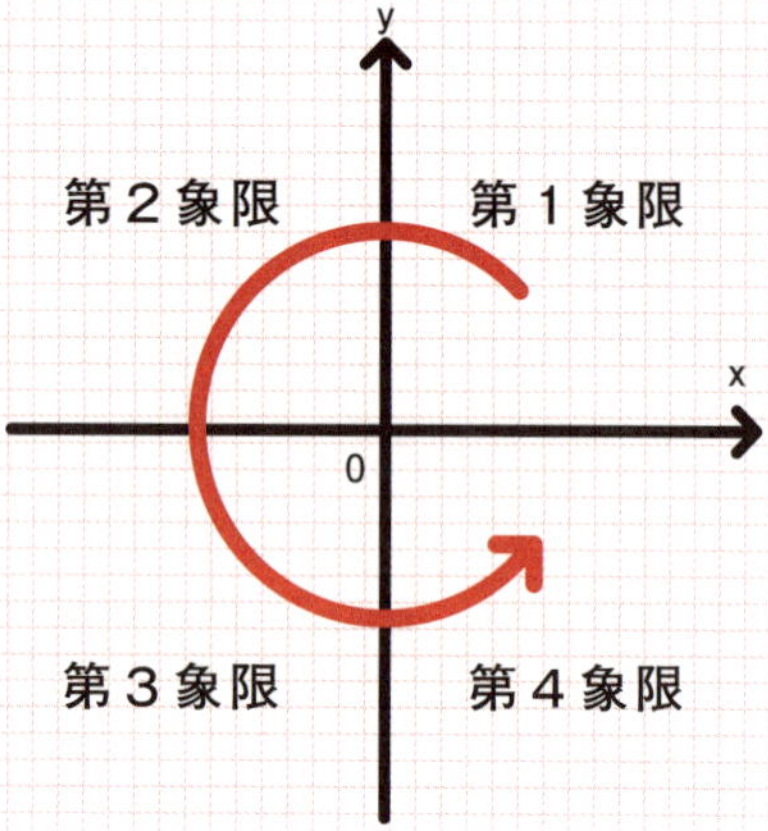

「座標平面《ざひょうへいめん》」というのは、x軸《エックスじく》とy軸《ワイじく》で作られた、「座標《ざひょう》」を表すための平面。
そして、x軸《エックスじく》とy軸《ワイじく》によって区切られた4つのスペースのことを、「象限《しょうげん》」という。

先生　物事を座標《ざひょう》で表すようにすると、やるべきことが見えてくる。さあ。２人なら、この４つの象限《しょうげん》のうちどれを優先《ゆうせん》するべきだと思う？

ショウ　サチ子　……「１　y締《し》め切《き》りが近い　x時間がかかる」？

先生 だよね。早くやらなきゃならないのに時間がかかるんだったら、早めに手をつけないとダメだよね。その次は？

ショウ あー。とりあえず「2　y締《し》め切《き》りが近い　xすぐに終わる」だよね。

サチ子 そうだね。とはいえ、「4　y締《し》め切《き》りが遠い　x時間がかかる」もやらないとだよね。

先生 逆《ぎゃく》に、「3　y締《し》め切《き》りが遠い　xすぐに終わる」は後回しでもよさそうだね。これで優先《ゆうせん》順位がついた。

サチ子 なるほど。グラフを作るとこんなふうに、優先《ゆうせん》順位がつくようになるのか。

ショウ これで僕《ぼく》も夏休みの宿題、8月30日くらいまでに終わるかなあ。

先生 1日しか早くなってない!?　もっと早く終わらせたら？

サチ子 そんなことより、他にもこの思考って使えたりするんですか？

先生 そうだね。例えばこんなのとかあるよ。

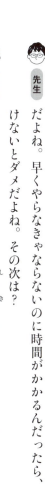

数学は役に立つ その2
問題分析《ぶんせき》マトリクスを作ってみよう

問題分析マトリクス

正解・不正解

問題の難易度	不正解	正解
難しい	④もしかして捨ててもいい問題 一番最後にするべき問題 試験ではこの問題を最後に解くべき!	②解けて嬉しい問題 ラッキーだったので次も解けるように対策したい問題 試験では、「ラッキー」で正解してはダメ!
簡単	③惜しい問題 正解にできるように対策するべき問題 試験までには、正解できるように頑張るべき!	①解けて当然の問題 一番重要でケアレスミスしてはならない死守問題 試験では、真っ先に解かなきゃダメ!

（y軸：問題の難易度、x軸：正解・不正解。②・③・④から①へ矢印）

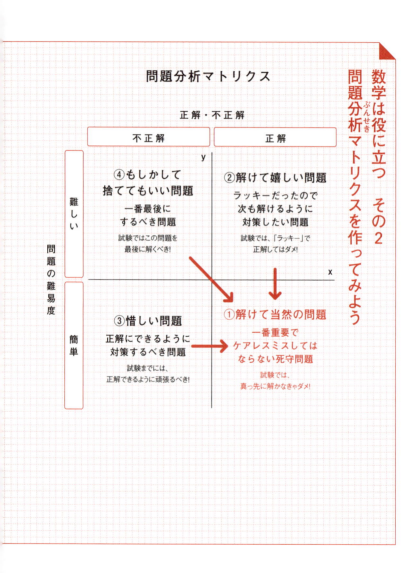

テストを解《と》いた後で復習《ふくしゅう》するときに分析《ぶんせき》。
x軸《エックスじく》：正解《せいかい》・不正解《ふせいかい》
y軸《ワイじく》：問題の難易度《なんいど》
問題の難易度《なんいど》と、正解《せいかい》・不正解《ふせいかい》の二つの軸《じく》で整理して、問題を4分割《ぶんかつ》。
① 簡単《かんたん》で正解《せいかい》した問題は、解《と》けて当然の問題
② 難《むずか》しかったけれど正解《せいかい》できた問題は、解《と》けて嬉《うれ》しい問題
③ 簡単《かんたん》なのに不正解《ふせいかい》だった問題は、取りこぼしてしまった惜《お》しかった問題
④ 難《むずか》しくて不正解《ふせいかい》だった問題は、もしかしたら捨《す》ててもいい問題

先生 さっきと違《ちが》うものをx軸《エックスじく》とy軸《ワイじく》にする。そうすると、テストが終わった後に、対策《たいさく》するべきものがわかるようになるんだ。

ショウ あー。とりあえずは、「惜《お》しかった問題」の方を確認《かくにん》するよね。

サチ子 あとは、「今回はラッキーで解《と》けたけど、次は間違《まちが》えてしまう可能性《かのうせい》が高い、

難《むずか》しい問題」も重要だよね。

ショウ た、たしかに。それはあんまり考えてなかったな。

先生 そうそう。逆《ぎゃく》に、「もしかしたら捨《す》ててもいい問題」は、後回しでいいよね。

サチ子 そっか、成績《せいせき》を上げるために、数学で使った考え方のフォーマットを活用することができたりするんだね。意外と数学って、活《い》かせる部分あるんだね。

先生 さて、もう一つだけみんなにお話ししよう。サチ子さん、今サチ子さんは、**関数**の勉強をしているね？

サチ子 え、はい。勉強していますよ。

ショウ 関数？

例えば、

$3x+6=y$

という式がある。このxには、いろんな数が入る。xの数が変わることによって、yの数が固定される。
例えば、x＝1のとき、y＝9。x＝3のとき、y＝15。こうした、「xが決まるとyの値《あたい》が1つに決まる数のこと」を「関数」という。

サチ子 って感じ。ちなみに、このxは変わる数なので「変数」、それに対してこの式の**＋6とかは変化しないから「定数」**と言うよ。

ショウ なるほどなるほど。で、その関数がどうしたの？ 先生。

先生 うん。例えばこんな式があったとしよう。

A［自分を磨《みが》くための努力の時間］＋B［尊重《そんちょう》できる人との時間］－C［遊んだり、スマホをしたり、ボーッとしている時間］－D［睡眠《すいみん》したり、食事したりする、どうしても発生してしまう時間］＝E［自分の成長］
→A＋B－C－D＝E

先生 さて、サチ子さん。このAとBとCのうち、どの時間が大事？

サチ子 それはもちろん、AとBじゃないですか？

先生 じゃあ、この数のうち、どれが定数だろう？

サチ子 あー……Dの「睡眠《すいみん》したり、食事したりする、どうしても発生してしまう時間」は、自分ではコントロールできないですよね。逆《ぎゃく》に、AとBとCは変数ですよね。自分で何時間それに使うか考えることができる。

先生 そうだよね。AとBを増《ふ》やし、Cを減《へ》らせば、Eが増《ふ》える。自分を磨《みが》いたりする時間を大事にすれば、成長がある。そんな計算式になっているよね。

ショウ ちょっと難《むずか》しいけど、でもなんとなくわかるよ。要するに、自分の人生での大事なことも、計算式で表せるし、自分で時間を決められるってことだよね。

先生 そういうこと！　逆《ぎゃく》に、Dは定数だから、どう頑張《がんば》ってもあんまり動かすことができない。それよりは、Cを変えるようにした方がいいってことになるよね。

自分の人生も計算式で表せる！

時間を「定数」と「変数」に分ければ、「どんなふうに頑張《がんば》ればいいか」が見えてくるはず！

ショウ　おお……そっか、数学って、数やお金やゲームのスコアを計算したりする以外にも使えるんだね。

サチ子　グラフで考えて頭の中を整理したり、何に自分が時間を使うべきなのかを考えたりすることもできるんですね。

先生　そういうこと！　どう？　数学って、意外と自分の人生の役に立つんだよ。

POINT

我々《われわれ》の世界は、数がたくさん存在《そんざい》する！

- 数を理解《りかい》すればするほど、世の中のことも理解《りかい》できるようになる

算数を使えば、人を騙《だま》すことができてしまう

- 逆《ぎゃく》に、騙《だま》されないために算数を勉強する必要がある

数学の勉強は、頭の中を整えることができる

- 優先《ゆうせん》順位を考えたり、自分が取り組むべきことがわかる！

第4章

理科

因《いん》果《が》関係の理《り》解《かい》と分《ぶん》析《せき》力

すべてのことには理由がある

「文系《ぶんけい》だから、理科なんて勉強しなくていい」というのが、僕《ぼく》の高校時代の感覚でした。僕《ぼく》は典型的《てんけいてき》な文系《ぶんけい》で、物理のあの数式だらけの参考書なんて嫌《きら》いだと思っていたし、化学の用語を覚えるのは億劫《おっくう》だと思って、勉強からはずっと逃《に》げて生きてきました。でもそんな僕《ぼく》でも東大に入ってから、「うわあ、理科ってこんなに面白《おもしろ》かったんだ」と気付けるようになりました。

後になって考えてみると、理科という科目を勉強する意味とは、合理的に物事を考える訓練をさせてくれるというところにあるのではないかと、僕《ぼく》は思います。生物は生き物がどのように生きているのかについて教えてくれるし、物理は自然界がどのような法則《ほうそく》で成立しているのかについて教えてくれる。世界がどれだけ神秘的《しんぴてき》な奥行《おくゆ》きの中で成立しているのかについて考えることができて、そこに面白《おもしろ》さがあります。東大に合格《ごうかく》して理系《りけい》の勉強を頑張《がんば》っている人た

ちは、そのことに早い時期から、小学校や中学校の時期に気付いていたから、理系《りけい》科目をどんどん楽しんで勉強していたんだと思います。その結果として東大にも合格《ごうかく》していたんじゃないか、と。僕《ぼく》は東大に合格《ごうかく》するまでは知ることができませんでしたが。

理科は、「すべての物事に理由がある」ということを教えてくれますし、すべてのことには科学的に説明できると考えさせてくれます。そして、なんといっても「すべてのことには理由がある」と思って物事を観察する中で、いろんな学問的な広がりを知ることができるようになるのが、楽しいです。

この章は、そんな「理由」を考える過程《かてい》を楽しんでもらえればと思って執筆《しっぴつ》しました。ぜひ楽しんでください！

理科＝理由を調べる科目

ショウ ねえねえ、理科ってさ、どんな科目なの？

サチ子 どんな、って言われても……人体とか動物に関する話として生物の話があったり、物質《ぶっしつ》の性質《せいしつ》についての話として化学があったり、重力とか摩擦《まさつ》とかそういうものを考える話として物理があったり……まあ、そんな感じよね、理科って。

ショウ うーん、理屈《りくつ》ではわかるんだけど、そもそもどういう科目なんだろうなって。

先生 面白《おもしろ》い問いだね、ショウくん。

ショウ 先生、ちょうどいいところに！　理科って、どういう科目なんでしょう？

先生 そうだねえ。理科の理って、原理とか理由とか、そんな熟語《じゅくご》に使われている漢字だよね。どういう意味か知ってる？

ショウ え？　うーん。

サチ子 なんだろう？

先生 「理」だけで、「ことわり」という読み方がある。「ことわり」は、ちょっとざっくり言ってしまえばルールって意味だ。世界には、いろんなルールが存在《そんざい》している。人間や動物、物質《ぶっしつ》の性質《せいしつ》、自然現象《げんしょう》、一つとして理由のないものはなく、ルールに従《したが》っているだけだ。

サチ子　あー。ニュートンが、りんごが落ちるところを見て、「万有《ばんゆう》引力ってものがあるんだ」ということを理解《りかい》したと言われているよね。あれも、自然現象《げんしょう》に対してルールがあるはずだ、って考えた結果だった、って話なら聞いたことあるわ。

先生　そうそう、まさにそれ。だから、いろんな物事に対して、理由を求めて粘《ねば》り強《づよ》く考えていく科目が、理科だというわけだね。

ショウ　理科の理は、理由の理なんだね。**いろんな物事に理由を考えていく科目ってことなんだね。**

先生　そうだね。その上で、**理科を勉強していると、世の中の不思議に対しても自分なりに答えが出せるようになってくる。**例えば、天気の話をしようか。

理科は面白《おもしろ》い　その1　天気のことわざって正しいの？

「朝焼けは雨、夕焼けは晴れ」
意味：朝焼けが綺麗《きれい》だとその日は雨になり、夕焼けが綺麗《きれい》だと明日は晴れになりやすい

こんなことわざが昔から日本にはあるが、どうしてこのことわざは正しいと言えるのか？

サチ子　ああ、おばあちゃんがよく言ってるやつだ。

ショウ　おばあちゃんが？

サチ子　そうそう、私《わたし》のおばあちゃん、よく「明日の天気は、空を見ればわかる」って言うんだよね。でも、なんでこれが正しいのか、よくわからないんだよなぁ。

先生　そうだよね、理由を考えても、パッと出てこないと思う。でも、天気について

考えてみれば、わかることも多いはずだ。まず、「夕焼け」「朝焼け」ってどういうものなの？

ショウ　……どういう、も何も、普通《ふつう》に夕焼けは、夕日が綺麗《きれい》だってことでしょ？　朝焼けは朝の太陽が綺麗《きれい》に見えるってことじゃないの？

先生　ふむ、そうだね。じゃあ、夕日《ゆうひ》と朝焼け、それぞれどっちの空に見えるの？

ショウ　え、空の方角？　そんなの、時と場合によるんじゃないの？

サチ子　あ、夕日《ゆうひ》は西の空で、朝焼けは東の空のことですよね。

先生　正解《せいかい》。

ショウ　ええ!?　なんでわかるの？

太陽というのは、東から昇《のぼ》って西に沈《しず》む。
だから、夕焼けが綺麗《きれい》ならば、太陽が沈《しず》む直前の西の空に雲がない状態《じょうたい》で、朝焼けが綺麗《きれい》なのであれば太陽が昇《のぼ》る東の空に雲がない状態《じょうたい》のことを言う。

ショウ　そ、そっか！　考えたら当たり前の話だった！

先生　じゃあ、そんな雲がない空は、時間が経《た》つとどうなるだろう？

ショウ　え？　時間が経《た》ったら……？　そりゃ空は移《うつ》り変《か》わるでしょ。

サチ子　あ、そっか、空は西から東に、移動《いどう》していくんだね。

偏西風《へんせいふう》という風が吹《ふ》いているため、空は西から東にと移動《いどう》していく。夕方の空であれば、その空は明日には我々《われわれ》の頭上に来ることになる。

先生　だから、夕焼けの空に雲がない綺麗《きれい》な状態《じょうたい》なのであれば、次の日の朝にその晴れた空が来るということになる。

サチ子　だから夕焼けは晴れ、なんですね。

先生　そういうことだ。

ショウ　でもじゃあ、朝焼けの話はどこ行ったの？　雨が降《ふ》るんじゃない？

先生　ああ、それは、こういう話なんだ。

答え

「低《てい》気《き》圧《あつ》で頭が痛《いた》い」なんて言うが、天気の良《よ》し悪《あ》しは気《き》圧《あつ》によって変わっている。

低《てい》気《き》圧《あつ》：気《き》圧《あつ》が低い状態《じょうたい》のこと
ニュースでよく「台風が温帯低《てい》気《き》圧《あつ》になりました」と聞くが、低《てい》気《き》圧《あつ》があると雨が降《ふ》ったり空が雲で隠《かく》れたりする。だからこれがあると雨が降《ふ》る

高《こう》気《き》圧《あつ》：気《き》圧《あつ》が高い状態《じょうたい》のこと
気候が安定して、雨が降《ふ》りにくくて晴れやすい性質《せいしつ》がある

そして、この低《てい》気《き》圧《あつ》と高《こう》気《き》圧《あつ》が全国各地のいろんなところに配置されているから、雨のところも晴れのところも出る。

朝焼けが綺麗《きれい》ということは、その朝焼けがある東の空が高気圧《こうきあつ》だということになる。東が高気圧《こうきあつ》なのだから、西は低気圧《ていきあつ》になっていることが多い。空は西から東に移動《いどう》しているため、西の低気圧《ていきあつ》の影響《えいきょう》で、その日はその後雨が降《ふ》る可能性《かのうせい》が高いということになり、「朝焼けが綺麗《きれい》だとその日は雨」になる場合が多い。

サチ子 そっかー。だから朝焼けが綺麗《きれい》だと雨で、夕焼けが綺麗《きれい》だと晴れるんだね。

先生 他にも、こんな例を出そう。ずばり次は、金《きん》の話だ。

サチ子 金《きん》の話？

理科は面白《おもしろ》い　その2　金《きん》は食べてもなくならない？

金《きん》はとっても貴重《きちょう》な金属《きんぞく》で、地球全体での採掘量《さいくつりょう》を合わせてもオリンピック競技《きょうぎ》用のプール約4杯《はい》分ほどしかないと言われています。日本には金箔《きんぱく》として金《きん》を食べる文化がありますが、そんなに貴重《きちょう》な金《きん》を食べてしまっても大《だい》丈夫《じょうぶ》なのでしょうか？

ショウ あ！　僕《ぼく》、金沢《かなざわ》に行った時、金箔《きんぱく》ソフト食べたよ！

サチ子 金箔《きんぱく》ソフト⁉

先生 ああ、売ってるよな、金箔《きんぱく》を貼《は》りつけたソフトクリーム。

サチ子 ……それって、美味《おい》しいの？

ショウ 別に金箔《きんぱく》には味はなかった！

先生 そりゃそうだ。

サチ子 でもたしかに考えてみると、すごくとんでもないことをしていますよね。金《きん》をソフトクリームに貼《は》るなんて。プール4杯《はい》分しかないんでしょ？　そんなにパクパク食べて、なんで、なくならないんだろう？

ショウ うーん……。金箔《きんぱく》って、ちゃんと「金《きん》」だよね？　あれが本当は金《きん》じゃないと

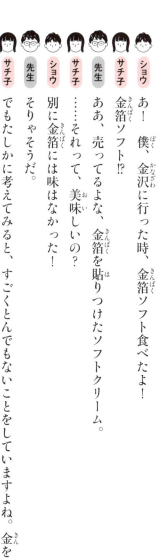

か？

サチ子　さすがにそれはないんじゃない？　金沢《かなざわ》の金箔《きんぱく》ソフトだって、どっかから持ってきた金《きん》を使って作られているんでしょ？　あれはれっきとした「金《きん》」だよ。それは間違《まちが》いない。

ショウ　じゃあ……なんだろう？　金箔《きんぱく》ってそもそも、どうやって作ってるんだ？

サチ子　そりゃあ……こう……叩《たた》いたりして、伸《の》ばしているんじゃないの？

ショウ　えー、金《きん》って、伸《の》びるのかなぁ？

サチ子　そりゃ伸《の》びるでしょ。だって、**延性**《えんせい》と**展性**《てんせい》っていう2つの性質《せいしつ》があって……あ、そっか！　そういうこと!?

ショウ　え、わかったの？

金属《きんぞく》の2つの性質《せいしつ》

「延性《えんせい》」と「展性《てんせい》」

延性《えんせい》：引《ひ》っ張《ぱ》ると細長く伸《の》びる
展性《てんせい》：叩《たた》くと薄《うす》く広がる

サチ子　つまり、叩《たた》いて引《ひ》っ張《ぱ》って、金箔《きんぱく》が作られているから、きっと金箔《きんぱく》は金《きん》の量がすごく少ないんだよ！

先生　文句《もんく》の付けようがないくらいの大正解《だいせいかい》だね。

サチ子　やった！

答え

金《きん》は「延性《えんせい》」と「展性《てんせい》」、2つの性質《せいしつ》に優《すぐ》れており、叩《たた》くことで非常《ひじょう》に薄《うす》くなる。

金箔《きんぱく》は金《きん》を叩《たた》いて薄《うす》く広げたもので、その厚《あつ》みは0・0001㎜しかな

い。実際《じっさい》はごく少量しか食べていないといえる。

先生
金箔《きんぱく》をいくら食べても金《きん》の量は減《へ》らないし、もっと言えば高価《こうか》であるはずの金《きん》でも、金箔《きんぱく》はほとんど価値《かち》のないものだと言えるわけだね。

ショウ
えー。金箔《きんぱく》ソフト、すっごい高価《こうか》なものなのに安く買えてお得なんだなって思ってたのに！

先生
あはは、まあ、よくある勘違《かんちが》いだな。でも、こんなふうに**世の中のいろんなものに理由がついていくのが理科の面白《おもしろ》いポイント**なわけだね。

サチ子
……。

先生
自然現象《げんしょう》でもそうだし、機械だってそうだ。どうして車が前に進むのか、どうしてトイレのレバーを引けば水が流れるのか、その理由を知ることができるのが理科の勉強だってわけだね。

なんでも機械のように考えることができる?

サチ子 うーん、でも、別に理由を知らなくても良くないですか?

先生 え?

サチ子 例えば車だって、私《わたし》たちには原理がわからなくても、実際《じっさい》に動いているわけで。「このボタンを押《お》せばこうなる」ってことだけわかっていれば、あえてその理由を深く知ろうと考えなくても、いいんじゃないですか?

先生 そう言われてしまうと、ちょっと痛《いた》いね。

ショウ お、降参《こうさん》かな先生?

先生 いや、降参《こうさん》はしたくないなぁ。でも、サチ子さんのその疑問《ぎもん》に対して答えるのはなかなか難《むずか》しい。じゃあここは、一つエピソードを話そう。

サチ子 エピソード?

先生 先生が、免許《めんきょ》を取りに行った時の話だ。最初の授業《じゅぎょう》の時の教官の先生が、「あ、君は大学生なんだね」って声を掛《か》けてくれてね。

ショウ　ふむふむ。

先生　「まあ、はい」って曖昧《あいまい》な返事をしたら、「じゃあ、こっちに来てみな」って言われて、車の前に回って、エンジンを見せてくれた。教官の先生は、「普通《ふつう》はここまで細かくは話さないんだけど、君には多分、根本的なところからお話しした方がいいと思ったからさ」って言って、細かく車が動く仕組みを教えてくれたんだ。

サチ子　あー、そこまで求めていない人には、仕組みは教えていないわけですね。

先生　「物理的にはこうなんだ」とか、「ガソリンはこんなエネルギーに変換《へんかん》されているんだ」とか、そういう細かい話だったんだけど、それが意外と面白《おもしろ》くってね。「ああ、ちゃんと理科の勉強をしておいてよかったな」って感じた。

ショウ　ふーん。

先生　で、さっきの話。原理を知らなくても、車を運転することはできる。でも、やっぱり細かい部分はわかっていないから、何回車に乗っても、どうしてエンジンがかかるのか、燃費《ねんぴ》がいい車と悪い車の違《ちが》いはなんなのか、エンストってどういう原理なのか、理解《りかい》することはできない。それはやっぱり、本当は面白《おもしろ》いはずのことをスルーしてしまっているかもしれないと思うんだよね。

サチ子　うーん……。

先生　世界がどう動いているのか。**自分たちが普段《ふだん》目にするものは、どんな原理で動いているのか。そういうことを考えるのは、純粋《じゅんすい》にそれだけで、面白《おもしろ》い**と思うんだよね。

ショウ　……なんとなくわかるような、わからないような？

先生　これだけだと、納得《なっとく》できないか……。じゃあ、我々《われわれ》が一番乗りこなしている「**ある機械**」について、そのメカニズムがわかれば応用《おうよう》できるということを話そうか。

サチ子　ある機械？　なんですか？　電車とか？

先生　「**人体**」だよ。人の身体だって、いろんな器官が複雑《ふくざつ》に絡《から》み合《あ》って作られている一つの機械だと言っていい。

ショウ　うーん、なるほど……そう言われてみれば、毎日毎日向き合っているもんね、身体。

先生　じゃあ、この問いを考えてみようか。

理科は役に立つ「音読」は冷《ひ》え性《しょう》に効果《こうか》あり⁉

Q：冷《ひ》え性《しょう》を改善《かいぜん》するためには、文章を声に出して読む「音読」が効果《こうか》を発揮《はっき》する場合がある。〇か×か？

サチ子 これはさすがに×じゃない？

ショウ だよねえ。別に文章を声に出したくらいで冷《ひ》え性《しょう》が解消《かいしょう》されるわけないじゃんね。

先生 そう思うよね？　でもこれ、〇なんだよ。

サチ子 ええー、なんでですか？

先生 じゃあ、理科らしく、「なぜそうなるか」から考えていこう。そもそも、冷《ひ》え性《しょう》ってなんで発生すると思う？

ショウ ……なんでだろ？

サチ子 たしか、ホルモンバランスとかの問題だったような……。

ショウ なにそれ？

サチ子 まあ平たく言えば、身体の中の物質《ぶっしつ》のこと。こういうホルモンが出ると眠《ねむ》くなるとか、そういうようなやつよね。

先生 そうそう。そしてそのうち、冷《ひ》え性《しょう》は「**自律神経**《じりつしんけい》」ってのが関わっている。

Q：冷《ひ》え性《しょう》の原因《げんいん》は？

A：「自律神経《じりつしんけい》のバランスが取れなくなってしまうこと」が考えられる

自律神経《じりつしんけい》とは、身体が自律的《じりつてき》に動くための神経《しんけい》のこと。「自律《じりつ》」なので、私《わたし》たちの意思とは関係なく、血圧《けつあつ》や脈拍《みゃくはく》・消化や代謝《たいしゃ》を整えてくれる。

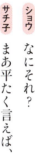

自律神経《じりつしんけい》には、体を興奮《こうふん》させる「交感神経《しんけい》」と、リラックスさせる「副交感神経《しんけい》」の2つがある。

交感神経《しんけい》：日中、活発に活動している時に働く。心拍数《しんぱくすう》が増《ふ》えたり、瞳孔《どうこう》が拡大《かくだい》したり、消化が抑《おさ》えられたりする

副交感神経《しんけい》：夜になると働き、眠《ねむ》くなったり、心拍数《しんぱくすう》が減《へ》ったり、消化が促進《そくしん》されたりする

どちらも意識的《いしきてき》に機能《きのう》するというわけではなく、無意識《むいしき》のうちに「勝手に」＝「自律《じりつ》して」そうなる。

「眠《ねむ》くなろう！」と思って眠《ねむ》くなるわけではなく、夜になって、食事を摂《と》って、お風呂《ふろ》に入ると、自然と副交感神経《しんけい》が働いて、眠《ねむ》くなる。この自律神経《じりつしんけい》のバランスの乱れが血行不良を起《お》こし、それが冷《ひ》え性《しょう》の原因《げんいん》の一つになっていると考えられる。

サチ子 交感神経《しんけい》と副交感神経《しんけい》……なんか聞いたことがある気がする。

ショウ なるほどなぁ。たしかに、僕《ぼく》らって「眠《ねむ》くなろう！」っていって眠《ねむ》くなるわけでもないし、「汗《あせ》をかこう」と思って汗《あせ》をかくわけじゃないもんね。

先生 そうそう。そして、この自律神経《じりつしんけい》をどのように整えるのか、って言うと……。

ショウ 音読が関わってくるわけなんだね。

答え

音読は、脳《のう》の前頭前野《ぜんとうぜんや》という部分が刺激《しげき》され、セロトニンというホルモンが分泌《ぶんぴつ》される。

そしてこのセロトニンは脳《のう》の興奮《こうふん》を抑《おさ》え、心身をリラックスさせる効果《こうか》があるので、自律神経《じりつしんけい》のバランスを取るのに有効《ゆうこう》だと言われている。

先生 だから、音読をすると、自律神経《じりつしんけい》のバランスが取れて、冷《ひ》え性《しょう》が治る、ってわけだね。ちなみにセロトニンは、幸せを感じる作用《さよう》がある物質《ぶっしつ》だよ。

ショウ セロトニン……そんなホルモンが分泌《ぶんぴつ》されるんだね。

サチ子 音読って、そんな効果《こうか》があるんですね。

先生 普通《ふつう》、自律神経《じりつしんけい》は「自律《じりつ》」しているから、自分ではコントロールできない。でも、音読っていう具体的なアクションによって、それを働かせることができるかもしれないわけだ。こんなふうに、**身体がどんな仕組みで動いているのかわかった方が、自分の身体が不調になってしまった時でもそれを治しやすいわけ**だね。

ショウ　それはたしかに、いいことかも！　そっか、理由を考えることで、いろんなことにつなげられるんだね。

サチ子　冷《ひ》え性《しょう》を治す手段《しゅだん》を知ることだってできる、っていうのは、すごくびっくりだな……。

先生　**どんな機械も、そう動く理由がある。**それを考察するのは、とても重要なことかもしれないね。

POINT

すべてのことには理由がある

●理由を考えれば見えてくることもあるはず

機械のように考えると、何かに応用《おうよう》できる

●人体を機械と考えてもいい

第5章

社会

現《げん》代《だい》社会の理《り》解《かい》と遡《さかのぼ》り力

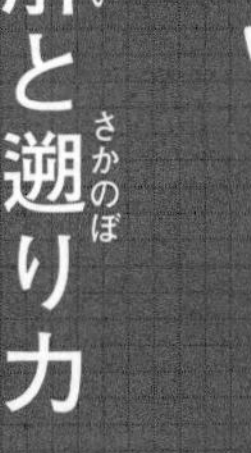

「社会」の延長《えんちょう》線上で盛《も》り上《あ》がる

社会の勉強がつまらない・あるいはつまらなかったという人は多いかもしれません。社会の科目は、日本史《にほんし》でも世界史《せかいし》でも公民でもなんでも、覚えることが他の科目に比《くら》べて圧倒的《あっとうてき》に多いし、教科書を読んでもつまらないから、あまり勉強する意味を見出《みいだ》せないし楽しくもない。そんなふうに考えながら大人になる人・なった人は多いのかもしれません。

僕《ぼく》もその感覚は非常《ひじょう》によく理解《りかい》できるのですが、東大に入るための勉強をして、東大に入ってから、ちょっとずつ考え方が変わっていきました。東大生って、街を歩いていても、旅行に行っても、ゲームをしている時ですら、いつでもどこでも「社会」の科目の延長《えんちょう》線上で盛《も》り上《あ》がるんですよね。

例えば、友達と行った関西旅行で、東大生の友達たちが京都の豊国《とよくに》神社の展《てん》

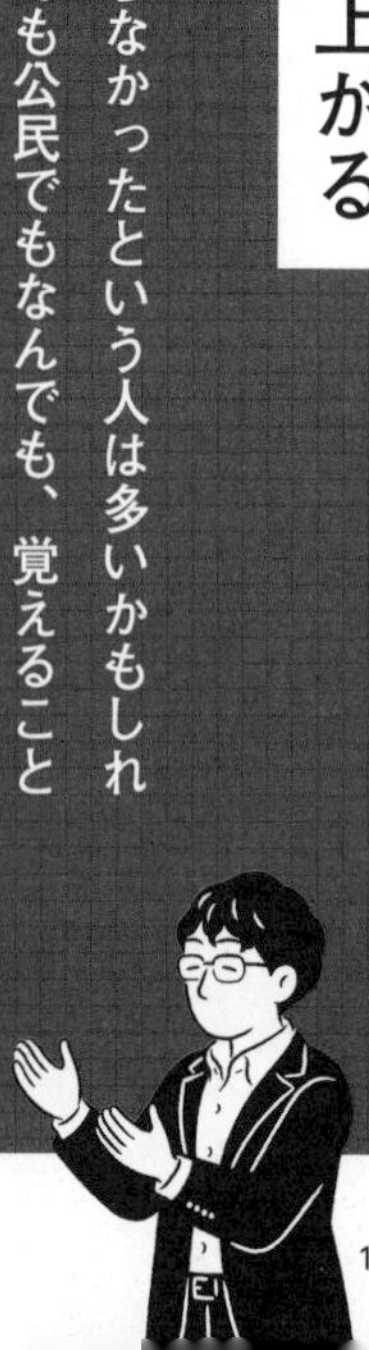

示《じ》を見てめちゃくちゃテンション上がって3時間くらい盛《も》り上《あ》がっていました。僕《ぼく》が見ても「へえ、そうなんだ」ってくらいの展示物《てんじぶつ》が「おいおい！ これって骨喰《ほねばみ》（刀剣《とうけん》）じゃん！ すげえ！」とみんなで興奮《こうふん》していたのです。その友達の、楽しそうなこと楽しそうなこと……。

それを見た時に感じたのは、「ああ、もうちょっと勉強しておけばよかったなあ」ということでした。もう少し勉強していたら、楽しめたかもしれない。もう少し勉強していたら、自分も盛《も》り上《あ》がっていた側だったかもしれない。

この章では、そんな僕《ぼく》の後悔《こうかい》を踏《ふ》まえて、「どうすれば社会を楽しめるのか」ということを語っています。単なる暗記の科目としてではなく、ストーリーで考えて楽しいと感じられるような、そんな章を目指してみましたので、ぜひ「社会なんてつまらない」と考えている人こそ、ご一読くださいませ。

社会≠暗記科目！

ショウ 国語とか英語とか数学とか理科に関しては、なんとなく勉強する意味が見えてきた気がするけど、やっぱり暗記科目は嫌《いや》だなぁ。

先生 暗記科目？　っていうと……社会かな。

ショウ そう！　覚えるものがいっぱいで嫌《いや》になっちゃうよ。点数も低いしさー。

サチ子 私《わたし》は、別に覚えるのが苦手ってわけではないので、点数は安定しているんですけど。

ショウ ええー、いいなあ。

サチ子 っていうか、覚えてもどうにもならない英語とか国語とか数学に比《くら》べて、ただ覚えればいい社会はある意味ラクっていうか……。

先生 ああ、なるほど。そういう意味では社会って攻略《こうりゃく》しやすい科目ではあるよね。

サチ子 でも、覚えなきゃならないのが面倒《めんどう》なのはすごく感じます。だって、別にペリーが来航《らいこう》したのは1853年だって言われても、別になんの得《とく》にもならないじゃないですか。

ショウ　「社会」って名前なのに、社会に出てからなんの役にも立たないのは間違《まちが》ってる！

先生　ショウくんがうまいこと言ってる⁉　まあ、2人の気持ちはわかったよ。じゃあ、社会という科目はどんな面白《おもしろ》さがあるのかについて、2人にお話ししようか。

サチ子　お願いします！

先生　じゃあ、せっかくだしサチ子さんがさっき言ってた、**「ペリーが来航《らいこう》したのは1853年」**って話から行こうか。

ショウ　ペリー来航《らいこう》？　ってなんだったっけ？

ペリー来航《らいこう》

ペリー来航《らいこう》は、日本の歴史《れきし》の中で重要な出来事。
1853年、当時外国との貿易《ぼうえき》をほとんどしない「鎖国《さこく》」という政策《せいさく》をとっていた日本に、アメリカの東インド艦隊《かんたい》司令長官マシュー・ペリーが、4隻《せき》の黒船を率《ひき》いて来た。

ペリーは開国を求めて、日本が他の国々と貿易《ぼうえき》を行い、交流することを望んだ。当時の日本の幕府《ばくふ》は、アメリカの強い要求にどう対応《たいおう》するか悩《なや》んだが、最終的には開国を受け入れることにした。

ショウ ふーん、たしかになんか、勉強したような気がする。

サチ子 中学社会でもちょうど今、このあたりを勉強しているんですけど……1853年にこれが起こったとか、そういう細かいこと覚えなきゃならないのがどうしても億劫《おっくう》で……。

先生 ま、気持ちはわかる。でも、こんなことを考えてみよう。

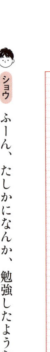

社会は面白《おもしろ》い　1853年ペリー来航《らいこう》の謎《なぞ》

ペリー来航《らいこう》は、1853年に起こった。

なぜ1853年だったのか？　もっと早く来ることもできたはずだし、もっと遅《おそ》くてもよかったのかもしれない。なのになぜ、1853年だったのか？

この時期の前後には、世界では他にどんな出来事が起こっていたのだろう？

サチ子　1853年なのはなぜ、ってことですか？

先生　そうだね。そこにはきっと、理由があるはずだ。

ショウ　え？　そりゃ、ペリーが「行こう！」と思ったからじゃないの？　気分でしょ気分。

先生　ところがそうとも言い切れない。この1853年という年号は、いろんな意味が詰《つ》まっているかもしれないんだよ。

サチ子　ええと、1853年、またはそれ以前に世界で起こった主要な出来事って言うと……。

ショウ　調べてみよう……ええと、こんな感じ？

1853年、またはそれ以前の世界の出来事

1840年　アヘン戦争　中国がイギリスと戦って負けた戦争
1848年　アメリカ、メキシコよりカリフォルニアを獲得《かくとく》
1851年　イギリスで第一回万国博覧会《ばんこくはくらんかい》
1853年　クリミア戦争　イギリス・フランス・ロシアが戦争

ショウ　いろいろわからないのがあるなぁ……でも、アヘン戦争はわかるよ。社会で習った。ええっと、中国がイギリスに負けちゃったんだよね。

サチ子　あれもたしか、イギリスがアヘンも含《ふく》めて貿易《ぼうえき》を自由にしてよ、って要求して、それを背景《はいけい》にして起こった戦争だったよね。

先生　そうだね。1848年のカリフォルニアを獲得《かくとく》はわかる？

ショウ サチ子　知らない。

先生　そっか。かいつまんで説明しよう。アメリカという国は、すごく新しい国でね。ヨーロッパ人たちが移り住むようになった頃《ころ》はニューヨークのあたりの東海岸にしか領土《りょうど》と言える土地はなかったんだ。それを、どんどん西に西にいわゆる開拓《かいたく》を進めていったんだよね。

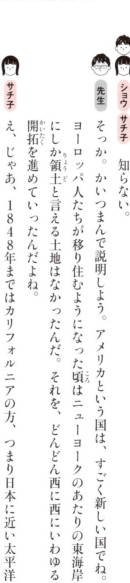

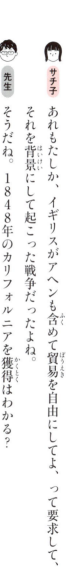

サチ子　え、じゃあ、1848年まではカリフォルニアの方、つまり日本に近い太平洋側の西海岸は、まだアメリカじゃなかったってことですか!?

先生　そうなんだよ、ちなみに、カリフォルニア州のサンフランシスコにはフォーティナイナーズというフットボールチームがある。フォーティナイナーってどういう意味だと思う？　ショウくん。

ショウ　僕《ぼく》!?　……フォーティナインって言ったら、49って意味だよね。49……？

サチ子　あれ、1848年にアメリカはカリフォルニアを獲得《かくとく》したんだよね？　ってことは。

ショウ その1年後ってこと？

先生 そうそう。実は、1848年に、カリフォルニアで金鉱《きんこう》が発見されるんだ。1849年、その金鉱《きんこう》を求めて、多くの人が西海岸へと向かった。ゴールドラッシュってやつだね。1849年からこの地域《ちいき》は始まったということで、「49年組」って意味の「フォーティナイナーズ」って名前がついたわけだ。

ショウ そうなんだ！

先生 ともかく、1848年までは、西海岸をアメリカは獲得《かくとく》できていなかった。ってことは、日本が開国しても、アメリカとしてはあんまり貿易《ぼうえき》できない国だったんだよ。

サチ子 そっか、だから、1848年の5年後なんだ。

先生 さて、じゃあ次だ。1851年の第一回万国博覧会《ばんこくはくらんかい》はどう？

ショウ えーっと、まあ、万博《ばんぱく》自体は聞いたことあるけど……ってか、万博《ばんぱく》って、なんなんだろう……。

サチ子 うん。日本でやってたりするのはわかるし、世界の人がいっぱい来たりするのもわかるんだけど、どういうイベントなのかって聞かれてもわからない！

先生　そうだよね。じゃあ、万博《ばんぱく》についてまとめてみようか。

万国博覧会《ばんこくはくらんかい》とは？

多くの国が参加し、世界各国の人たちが、人類が築《きず》き上《あ》げてきたその時代の技術《ぎじゅつ》を発信する場として使われていた。各国のパビリオンが作られて、その中でその国の最先端技術《さいせんたんぎじゅつ》を展示《てんじ》する。最初の頃《ころ》は、各国の工業力を誇示《こじ》し、アピールするためのイベントだった。第一回はイギリスで行われ、イギリスの工業力がアピールされた。負けじと第二回はフランスで行われ、イギリスにも負《ま》けず劣《おと》らずの工業力がアピールされた。

サチ子　そっか、工業力をアピールするものだったんだ。

ショウ　でも、これってペリーが日本に来たのと全然関係なくない？

先生　そんなことはない。この時代は、「こんなに工業化したんだよ！」というアピールが活発に行われるほど、どの国も工業化していたわけだ。イギリスもアメリカも、どの国も工業化してその工業製品《せいひん》を買ってもらいたいと思っていたと考えられる。つまりは……？

サチ子　日本にも、その工業製品《せいひん》を買ってもらいたかったってことなのね。

先生　そういうこと。他にも色々あるけど。直接《ちょくせつ》つながってなくても、背景《はいけい》としてつながっているんだよ。

ショウ　ふーん。でもさあ、結局日本に来たのって、イギリスとかフランスじゃなくて、アメリカだったよね。

先生　そうなんだよ、そこなんだよ。どうして、イギリスとかフランスじゃなくて、アメリカだったと思う？

ショウ　え、そこにも理由があるの？　……なんでだろ？

先生　イギリスとかフランスとかが、忙《いそが》しくなった理由があるんだよ。

サチ子　うーん……あ、さっきの年表でたしか……そうだ！

ショウ なんか見つけたの？

サチ子 ほら見てよ！ 1853年！ クリミア戦争があったって書いてある！

先生 そう！ それが理由なんだよ。

クリミア戦争

1853年から1856年にかけて行われた戦争で、オスマン帝国《ていこく》（現在《げんざい》のトルコの前身）とロシア帝国《ていこく》の間で始まったものだが、後にイギリス、フランスも参戦することとなった。「第0次世界大戦」と呼《よ》ばれることもあるくらい、大きな戦争。

ショウ そっか！ アメリカは、「なにやらヨーロッパ情勢《じょうせい》が怪《あや》しいな。そうだ！ 今なら自分たちも日本に行けるんじゃないか！」と思って行動を起こしたんじゃないかってことね！

サチ子　1853年に戦争が始まって、そのタイミングで日本に来ているんだもんね……。これはただの偶然《ぐうぜん》ってわけじゃないかもしれないんだね。

先生　そう。**ペリー来航《らいこう》が1853年だった理由って、こんなふうにいろんな知識《ちしき》とつながってくるんだ。**たしかに、年号を覚えたり、名前を覚えたりするのは大変かもしれない。でも、こんなふうにいろんな出来事がつながっていると考えると、ちょっと面白《おもしろ》いと思えるんじゃない？

ショウ　たしかにね。

社会＝いろんな場面で役に立つ！

サチ子　でも、楽しいのはわかったけど、別にこういう知識《ちしき》って、大人になってから役に立たないですよね？

先生　ええ⁉

ショウ　まあ、面白《おもしろ》くはあったけど、役に立つかって言われたら微妙《びみょう》だよね。

先生　そんなことないよ！　例えば、そうだな、こんな問題を考えてみよう。

社会は役に立つ　その1
その地域《ちいき》が外国人観光客に人気なわけは？

日本を訪《おとず》れる台湾《たいわん》からの観光客の数はとても多いが、日本のどの地域《ちいき》に来ることが多いと考えられるだろうか？　また、なぜその地域《ちいき》が人気なのか？

先生　これは、2010年の地理の東大入試問題で出された問題を改変したものだ。さて、2人にわかるかな？

ショウ　台湾《たいわん》の人が日本のどこを訪《おとず》れるかってこと？　……どこだろう？

サチ子　東京とか人気っぽいと思うけどね。ほら、東京ディズニーリゾートもあるし。

ショウ　……あれって千葉じゃね？

サチ子 いや、一応《いちおう》東京に飛行機で来るんじゃないの？

ショウ 飛行機ってことなら成田空港じゃないの？

サチ子 まあでも地域《ちいき》で聞かれているのであれば関東地方ってことになるんじゃない？

ショウ そっかぁ。北海道とかも観光客多そうだよね。

サチ子 あー。たしかに。冬にスキーとかやってそうだよね。

先生 いいね、北海道も東京も正解《せいかい》だ。じゃあ北海道って、雪以外の理由で何か人気の理由、思い付いたりする？

サチ子 そうだなぁ……冬以外だとどうだろう？　夏とかも人気なのかな？

ショウ 前に夏に北海道行ったけど、すごくよかったよ。広々としてるし、自然が豊《ゆた》かだったし。まあでも、台湾《たいわん》にもそういう場所があったりするなら、あんまりアピールポイントにならなそうだけど。

サチ子 あ、でも台湾《たいわん》って国土の面積も小さいし、人口密度《みつど》も高いから、そういう場所って人気になりそう！

先生 いいね！　そういう発想大事だよ。さて、模範解答《もはんかいとう》を見てみよう。

答え

1　北海道：台湾《たいわん》は、年間を通して雪が降《ふ》らない地域《ちいき》のため、冬に雪景色が楽しめる。その上、台湾《たいわん》は国土面積が小さくて人口密度《みつど》が高いので、雄大《ゆうだい》な自然の中でのびのびと過《す》ごしたいというニーズに北海道は応《こた》えることができると考えられる

2　東京：テーマパークや商業施設《しせつ》が多く、アニメーションに関連した施《し》設《せつ》なども多いため、人気が高いと考えられる

サチ子　……まあ、面白《おもしろ》い問題だとは思いますけど、これがなんだって言うんですか？　先生。

先生　うん。社会では、いろいろな地域《ちいき》のことを勉強するよね。この国にはこういう特徴《とくちょう》があるとか、この都道府県・地域《ちいき》にはこんな特色がある、とか。そうする

と、今回のように「**この地域《ちいき》にこういう観光客が多いのはなんで？**」とか「**この地域《ちいき》に観光客を呼《よ》ぶにはどうすればいいのか？**」とか考えることもできるようになるかもしれない。

ショウ　観光の仕事に就《つ》いたら役に立つってこと？

先生　いやいや、それだけじゃなくてさ。例えば、取引先の人は台湾《たいわん》の人かもしれない。その人に何かプレゼントを贈《おく》るときに、どんなものが喜《よろこ》ばれるだろう、って考える必要もあるかもしれないだろ？

サチ子　それはありそうな話ですね。どんな職業《しょくぎょう》に就《つ》いたとしても。

ショウ　意外と社会って役に立つんだねぇ。

サチ子　うーん、でもこれって、地理とか公共・公民とか現代《げんだい》社会とか、そういう「実社会に近い」科目の話ですよね？　歴史《れきし》はいらなくないですか？

ショウ　あー、たしかに。

先生　えー!?　歴史《れきし》大事だよ？

ショウ　そうかなぁ。社会に出てから、歴史《れきし》の話とかで盛《も》り上《あ》がったりしなさそうだよ。僕《ぼく》もお父さんお母さんがそういう話をしているところは見たことないしね。

先生　ふーむ。じゃあ、歴史《れきし》が今に役立っているという話をしようか。まずはこんなクイズを出そう。

社会は役に立つ　その2　どうすれば戦争は終わるの？

ウクライナ戦争は、２０２２年2月24日、ロシアがウクライナに対して大《だい》規模《きぼ》な軍事侵攻《しんこう》を開始したことから始まりました。この戦争は２０２４年現《げん》在《ざい》も続いており、国際《こくさい》社会に大きな影響《えいきょう》を与《あた》えています。早くこの戦争が終わるようにと多くの人が祈《いの》っていて、また、どうすればこの戦争が終わるのか考えています。

さて、そんな中で、１００年ほど前にもロシアは南にある小国と戦いました。その戦争は、1年7ケ月《かげつ》程度《ていど》という比較的《ひかくてき》短期間で終わりました。この小国の名前はなんでしょうか？

ショウ　ええ！　知らないよそんなの！

先生　そうかなあ？　よく知ってると思うけど。

ショウ　え？　どういうこと？

サチ子　……え、100年前？　100年前ってことは、1900年とかそこらへんですよね？　ってことは、まさか……。

先生　ふふふ、気付いたようだね。

サチ子　**日露《にちろ》戦争**、ですか？

ショウ　あ、そっか!!　**日本**なのか!!!

日露《にちろ》戦争

1904年2月から1905年9月にかけて日本とロシアが朝鮮《ちょうせん》と南満州の支配をめぐって争った戦争。わずか1年と7ケ月《かげつ》で戦争が終結した。結果は、日本優勢《ゆうせい》な形での講和《こうわ》であり、ポーツマス条約《じょうやく》が結ばれた。

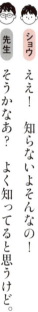

ショウ そうかあ、たしかに日本はロシアと戦争をしたんだよね。でも、1年7ヶ月《かげつ》で終わったんだね。

先生 そう。世界史的に見ても、3〜5年かかってる戦争は珍《めずら》しくないからね。

サチ子 三十年戦争とか、百年戦争とかもありましたもんね。

ショウ ながっ⁉　ウクライナの戦争も、そうなっちゃうのかなぁ。

先生 そうはならないでほしいわけだけど、あと数年続く可能性《かのうせい》はある。でもね、そうならないようにするためのカギは、実は日本にあるかもしれないんだよ。

ショウ どういうこと？

先生 だって考えてみてよ。日露《にちろ》戦争は1年7ヶ月《かげつ》で終わったわけだ。ってことは、その終わった理由を考えていけば、きっと戦争を早く終わらせるための方法を見つけられるかもしれないんだよ？

サチ子 そっか！　でもなんで日露《にちろ》戦争って比較的《ひかくてき》短期間で講和条約《こうわじょうやく》を結ぶことができたんでしょう？

先生 よし、考えてみようか。

Q：日露《にちろ》戦争は、なぜ1年7ヶ月《かげつ》で戦争終結したのか？ どんな理由があるのか？

ショウ ……なんかこの前のテストで出た気がするんだけど、思い出せない……。

サチ子 たしか、理由の一つは普通《ふつう》に、日本がロシアを破《やぶ》ったからだったような。

ショウ そうだ、ロシアのバルチック艦隊《かんたい》！ あれを日本が破《やぶ》ったんだよ！

A1 日本がロシアの艦隊《かんたい》を破《やぶ》ることができたから

ロシアは冬になるとオホーツク海が凍《こお》ってしまうので、日本と海上で戦う際《さい》には、艦隊《かんたい》はヨーロッパから喜望峰《きぼうほう》を巡るなどしないといけなかった。なので当時最強と言われたロシアのバルチック艦隊《かんたい》も、対馬沖《つしまおき》にたどり着いた時にはへとへとの状態《じょうたい》になっていた。そこを日本が叩《たた》き、バルチック艦隊《かんたい》を撃破《げきは》することに成功した。

先生　これは一つ、大きな要因《よういん》だね。でも、これだけだと戦争は終わらないんだ。

ショウ　どうして？　勝ったんでしょ？

先生　たしかに艦隊《かんたい》には勝ったよ。だけど、それだけでは終わらない。まだ戦える人だってたくさんいる。現《げん》に、今だってウクライナはロシアに対してかなり勝っている。だけど全然終わる気配がない。

サチ子　ああ、日本も、第二次世界大戦の時に日本の領土《りょうど》に攻《せ》め込《こ》まれて、首都を空襲《くうしゅう》されてもまだ「竹槍《たけやり》を持って戦う！」って言ってたんだもんね。

ショウ　ええ、でもそんなこと言ったら、本当にその国の国民が全員死んじゃうまで続いちゃうんじゃないの？

先生　ところがそうではない。この日露《にちろ》戦争においては、講和《こうわ》条約《じょうやく》が結ばれた。なぜ講和《こうわ》まで持っていくことができたのか？

サチ子　うーん……講和《こうわ》条約《じょうやく》を結べた理由……。

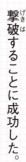

先生 ショウくんは友達と喧嘩《けんか》したら、どんなふうに仲直りする？

ショウ ええ？　そりゃ、1対1でお話しするのは気まずいから、先生とか、別の友達を連れていくかなぁ。

サチ子 ……別の友達？　そっか！　第三国！　アメリカに仲介頼《ちゅうかいたの》んでた！

先生 正解《せいかい》！

A2　アメリカが仲介《ちゅうかい》に入ったから

ロシアと日本がともに戦争継続《けいぞく》が難《むずか》しくなってしまったタイミングで、アメリカが仲介《ちゅうかい》することで講和《こうわ》条約《じょうやく》が結ばれた。戦争において、このように両者の間を取り持つ国が現《あらわ》れることはままあることである。

ショウ そっかぁ。そこらへんは個人《こじん》の喧嘩《けんか》と同じなんだね。じゃあ、また、アメリカとかが仲介《ちゅうかい》に入ればウクライナ戦争も終わるんじゃない？

先生　ところが、問題はそう簡単《かんたん》ではないんだな。ウクライナもロシアも、それぞれ仲介役《ちゅうかいやく》を候補《こうほ》に挙げるなどしている。多くの国が交渉《こうしょう》を取り持とうとしている状態《じょうたい》でもある。もちろん、日本だって参加してるよ。

ショウ　え⁉　じゃあなんで終わらないの？

サチ子　……まだもう一個《こ》、何かあるんですね。日露《にちろ》戦争が早期に終結した理由。

先生　ヒントは、さっきのA２にあるよ。

ショウ　え、ヒント？　なんだろう？

サチ子　……「ロシアと日本がともに戦争継続《けいぞく》が難《むずか》しくなってしまったタイミング」？
日本もロシアも、戦争継続《けいぞく》が難《むずか》しかった？

ショウ　日本はなんか、お金とか資源《しげん》とか苦しかったんだよね、たしか。でも、ロシアは？　ロシアもそんなに戦争にお金をかけられなかったのかな？

サチ子　……いや、お金じゃないはず。たしかこの頃《ころ》はまだ、ロシアは帝政《ていせい》で、皇帝《こうてい》が国を統治《とうち》していたはずだから……そっか！　革命《かくめい》！

先生　わかったみたいだね。

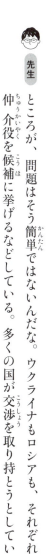

A3　血の日曜日事件《じけん》

民主化や日露《にちろ》戦争の中止などを掲《かか》げたデモを行った市民・労働者が軍隊から銃撃《じゅうげき》を受け、ここから第一次ロシア革命《かくめい》に発展《はってん》した。これにより、ロシアは戦争を継続《けいぞく》できる状態《じょうたい》ではなくなってしまった。

ショウ　そうかあ。こんなことがあったら、戦争は続けられないよね。

サチ子　バルチック艦隊《かんたい》が敗れたことで、ロシア国内でも戦争継続《けいぞく》について反対する勢力《せいりょく》が出てきたということでもあるよね。

先生　付け加えておくと、アメリカはかなり早い段階《だんかい》から「日本と戦争終わらせませんか？」って仲介《ちゅうかい》に入っていた。それでも、その時はまだバルチック艦隊《かんたい》が敗《やぶ》れてもいなかったから、ロシアはそれを拒否《きょひ》していたんだよね。

ショウ　ってことは、この3つが、同時に起こったから戦争が終わったってこと？

先生　そういうこと。主要な戦いで片方《かたほう》が勝って、仲介《ちゅうかい》が入ってくれて、そして国内でもクーデターが起こった。いろんな要因《よういん》が絡《から》まないと戦争は終わらないってことでもあるし、逆《ぎゃく》にいろんな要因《よういん》がうまく重なり合えば戦争が終わるという話でもある。

サチ子　なるほど……。

先生　**歴史《れきし》はさ、昔起こったことの積み重ねなわけよ。だからこんなふうに、今起こっている問題の解決策《かいけつさく》も、考えることができるようになる場合がある。昔解《かい》決《けつ》しなかったことが、過去《かこ》の失敗から学んだ結果、解決《かいけつ》する可能性《かのうせい》もあるだろう。**

ショウ　うーん、まあたしかに、僕《ぼく》らも過去《かこ》の自分の経験《けいけん》から学んだりするもんね。僕《ぼく》もゲームでとりあえずセーブした上で死に戻《もど》り前提《ぜんてい》でどんどん進んだりするもん。

サチ子　……その例って適切《てきせつ》かな？

先生　まあでも、まとめると、過去《かこ》から学ぶのは大事だって話だね。社会はだからこそ、これからの時代を生きる上でも重要だってことなんだよ。

社会は暗記科目ではなく、
理《り》論《ろん》的《てき》に考えられる科目！

- 理科と同じく、なぜそうなったのかを考えていくと面白《おもしろ》い！

日本や世界の「今」に役立てられる！

- 過去《かこ》の出来事をこれからの将来《しょうらい》に活《い》かすことができる

第6章

探《たん》究《きゅう》

思考力と探《たん》究《きゅう》力

テーマを理《り》解《かい》し、答えのない問いを考える

ここまで、「答えのある問い」から勉強の楽しさをお伝えしてきましたが、この章ではもう少し上の話・大学に上がってからの「答えのない問い」を題材にお話ししようと思います。

大学の勉強って、あんまり知る機会がないですよね。例えば「経済《けいざい》学部に入ろう」としている高校生でも、実際《じっさい》に経済《けいざい》学部でどんな勉強が行われているのか、経済《けいざい》学部の中でも経営《けいえい》学科では何が行われているのか、ざっくりとしか理《り》解《かい》できていない場合も多いと思います。

それもそのはずで、大学は、塾《じゅく》や高校と違《ちが》って「こういうことを教えてくれる場所」ではなく、「学びたいことを勝手に学ぶ場所」であり、その「どんな勉強をするか」というのはその人自身が考えなければならないのです。

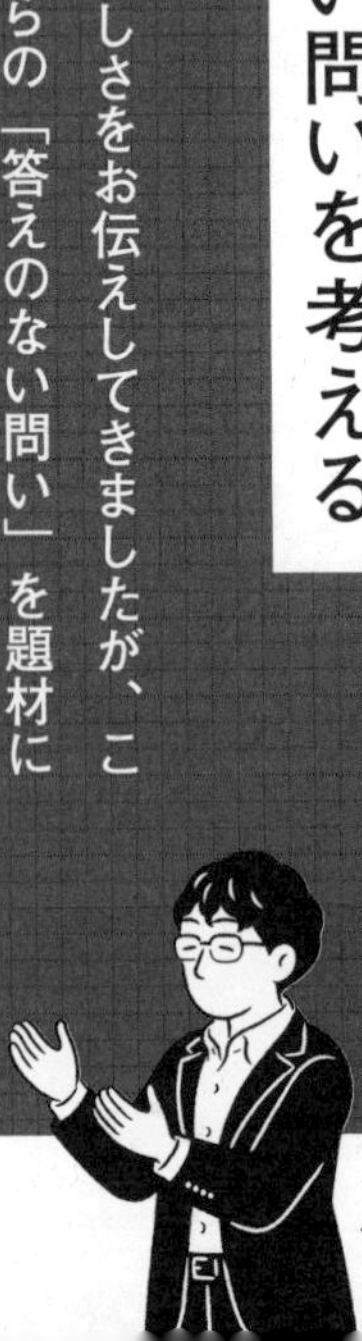

例えば、経営《けいえい》学というのは、「会社の経営《けいえい》をよくするためには何が必要なのか?」というような、実際《じっさい》の企業《きぎょう》を題材として経営《けいえい》について考えていく学問です。ですが、ただ教授《きょうじゅ》の話を聞いたり、先行研究とか論文《ろんぶん》とかを読んで勉強したりしているだけでは、卒業すらできません。

そこでは、自分から、「問い」を作ることが求められます。「会社の経営《けいえい》をよくするためには何が必要?」というテーマを理解《りかい》して解決《かいけつ》するための問いを自分で立てて、そのために行動して、自分なりに答えを出す勉強こそが必要なのです。そしてそれらの問いには「これ」といった答えがない場合もある。それでも粘《ねば》り強《づよ》く考えて、答えのない問いを考え続けなければならない。

そんな、大学に上がってからの勉強を体感できるような章になっていれば、幸いです。

結局、勉強する意味とは？

ショウ　なんか割《わり》と、勉強に対してポジティブなイメージを持てるようになってきた気がするな。

サチ子　なんか、見方が変わったような気がするよね。

先生　おお！　それはよかった！

ショウ　でも先生、例えば高校に上がったり、大学に行ったりしたら、どんな勉強をすることになるんだろう？　今やってることよりもっと難《むずか》しくなるんでしょ？

サチ子　ああ、そうだよね。高校に上がってからの勉強ってちょっと怖《こわ》い気がする……。

先生　なるほど。でもね、そんなに怖《こわ》がらなくてもいいんだよ。たしかにもっと深く考えなければならなくなるけれど、それはちょっとした違《ちが》いでしかない。

ショウ　ちょっとした違《ちが》い？

先生　うん。**正解《せいかい》があるかないか**、って話なんだけど。

サチ子　正解《せいかい》があるかないか……？

先生

じゃあ、こんな質問《しつもん》をしよう。

勉強は役に立つ その1 『枕草子《まくらのそうし》』の解釈《かいしゃく》

次は清少納言《せいしょうなごん》の『枕草子《まくらのそうし》』の冒頭《ぼうとう》です。どちらの解釈《かいしゃく》が正しいでしょうか？

A：春はあけぼの。やうやう白くなりゆく。山ぎは少し明かりて、紫《むらさき》だちたる雲の細くたなびきたる

訳《やく》：春は明け方がいい。明け方はだんだんと白くなっていく。山と空のさかいめが、少し明るくなって、紫《むらさき》がかった雲が細くたなびいている景色が、趣深《おもむきぶか》くていい

B：春はあけぼの。やうやう白くなりゆく山ぎは、少し明かりて、紫《むらさき》だちたる雲の細くたなびきたる

訳《やく》：春は明け方がいい。だんだんと白くなっていく山と空のさかいめが、

少し明るくなって、紫《むらさき》がかった雲が細くたなびいている景色が、趣深《おもむきぶか》くていい

ショウ　え……え⁉　これって、句読点《くとうてん》の位置が違《ちが》うのか！

サチ子　あれ？　でも、「春はあけぼの」って、習った時には句読点《くとうてん》なんてなかったような。

先生　そうだね。古文の文章では、句読点《くとうてん》は書かれていない。「。」とか「、」とかは使われていない。だから、自分で考えなければならないんだ。さて、どっちが正しいと思う？

ショウ　ええええ〜〜？「やうやう白くなりゆく。山ぎはは〜」か、「やうやう白くなりゆく山ぎはは」かってことでしょ？　だんだん白くなっていく明け方なのか、だんだん白くなっていく山と空のさかいめなのかってことでしょ？

サチ子　だから、山に近いところがだんだん明るくなっていくのが風情《ふぜい》がある……って意味だと思っていたけど。

ショウ　でもさ、それでも、「明け方、空がだんだん白くなっていって、山と空のさかいめも明るくなって」でも意味は通じるじゃない？

サチ子　あ、ほんとだ、どっちでも意味が通る!?　これどっちが正解《せいかい》なんですか？

先生　ああ、これはね、**正解《せいかい》はわかんないんだよ**。

サチ子　わかんない!?

先生　学者先生にもわからないし、「こっちが絶対《ぜったい》に正しい」というものもない。どっちの可能性《かのうせい》もあるし、どちらの解釈《かいしゃく》もできる。

ショウ　え？　学校で教えているようなことですよ？　それなのに、どっちが正しいかわからないの!?

先生　そうだよ。せっかくだから次の一節も見てみようか。

A：夏は、夜。月の頃《ころ》はさらなり、闇《やみ》もなほ、蛍《ほたる》の多く飛びちがひたる。
　また、ただ一つ二つなど、ほのかにうち光りて行くもをかし

訳《やく》：明るい月のある夜は言うまでもなく、闇《やみ》の夜でもやはり、蛍《ほたる》が多く飛

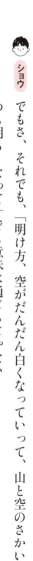

びかっているのは趣深《おもむきぶか》い。また、わずか一匹《ぴき》二匹《ひき》の蛍《ほたる》が、ほんのりと
光って飛んでいくのも、趣深《おもむきぶか》い

B：夏は、夜。月の頃《ころ》は、さらなり。闇《やみ》もなほ。蛍《ほたる》の多く飛びちがひたる、
また、ただ一つ二つなど、ほのかにうち光りて行くも、をかし

訳《やく》：明るい月のある夜は言うまでもなく趣深《おもむきぶか》い。闇《やみ》の夜もやはり趣深《おもむきぶか》い。
蛍《ほたる》が多く飛びかっているのや、また、わずか一匹《ぴき》二匹《ひき》の蛍《ほたる》が、ほんの
りと光って飛んでいくのも、趣深《おもむきぶか》い

ショウ え!? 春のところだけじゃなくて、夏も正解《せいかい》がわからないの!?

サチ子 ああ、でも、ほんとだ。こっちなんてまさに解釈《かいしゃく》が全然変わってくる。蛍《ほたる》が多く飛《と》び交《か》っているのが趣深《おもむきぶか》いのか、明るい夜も暗い夜も趣深《おもむきぶか》いって言ってるのか、全然解釈《かいしゃく》が違《ちが》ってくる！

ショウ どこに句読点《くとうてん》を置くかを考えるだけで、こんなに解釈《かいしゃく》が変わってきてしまうん

だ⁉　古文って難《むずか》しくない⁉

先生　難《むずか》しいよ。でも、難《むずか》しいからこそ、面白《おもしろ》いよね。何度も読み返す中で、見えてくるものが違《ちが》ってくるわけだから。

サチ子　本当に正解《せいかい》がないんだ……。

先生　そして、こういうことを考え続けていると、読解力《どっかいりょく》も身に付いていく。どこで切るのかを考えて、**どういう解釈《かいしゃく》があるのかを考え抜《ぬ》くことで、相手が何を言いたいのかも見えてくる**わけだ。

ショウ　ああ、難《むずか》しいから、能力《のうりょく》も身に付いていくってことか。

先生　古文だけじゃない。「決まった正解《せいかい》がない」ものは他にもたくさんある。例えば、英語の英文和訳《わやく》の問題が挙げられる。高校では英文和訳《わやく》の問題をよく勉強するんだ。大学入試でも出題される。そうだなあ、これ、どう訳《やく》す？

勉強は役に立つ　その2　「ドリーム」は「夢《ゆめ》」だけじゃない⁉

次の英文を和訳《わやく》しなさい。
「It's a dream of a house!」

サチ子 うーん。dream of a house……?

ショウ 「これは夢《ゆめ》の家だ」? いやでも、多分そういうことじゃないよね。夢《ゆめ》のような家、みたいな?

サチ子 でも別に、「like a dream」とかじゃないから、「ような」って訳《やく》していいの?

ショウ ええ? そんなことまで考える? じゃあ、もっと意味から考えて……「素晴《すば》らしい家」とか?

サチ子 素晴《すば》らしいかぁ、アリな気がするけど、でもそれでいいのかなぁ。あ、「理想的な家」とかどう?

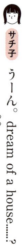

ショウ　いいかも！　でも、先生、これも答えないんでしょ？

先生　そうだね。決まった答えはない。夢《ゆめ》かと思うほど素晴《すば》らしい家、みたいなニュアンスが伝われば全部正解《せいかい》だと言えるし、テストではマルになるだろうけど、でも答えが一つに定まるものではないよ。

サチ子　そう考えると、「dream」って簡単《かんたん》な英単語一つとっても、いろんな意味が考えられるんだね。夢《ゆめ》だけじゃなくて、素晴《すば》らしいとか、理想的とか。

先生　例えば英単語のテストで丸つけをするとする。「この英単語の日本語の意味はこれ」という正解《せいかい》が用意されていて、その英単語に丸つけをする。でも、「この日本語じゃなきゃダメ」って考え方は、本当は間違《まちが》っているんだよね。dreamが夢《ゆめ》じゃなくて希望と訳《やく》されることもあるかもしれないし、素晴《すば》らしいって意味になるかもしれない。場合によっては理想的でも正解《せいかい》になるかもしれない。

ショウ　でも、そんなのテストにならないじゃん！

先生　そうだよ。だから、テストでは一応《いちおう》、「これが正解《せいかい》」というものを用意しておく。そしてそれにみんなが従《したが》っている。それは頭を良くするための過程《かてい》としては重要なものなんだけど、でも本当は、一つの定まった答えなんかないんだ。

ショウ　な、なるほど……そういうもんなんだ。

サチ子　う〜ん、でも、正解《せいかい》がないんだったら、私《わたし》たちが勉強する意味ってなんなんですか？

先生　おお、本質的《ほんしつてき》な問いだね。それはね、**この世の中の大抵《たいてい》のことは、正解《せいかい》が一つではないからだよ。正解《せいかい》がない問いを考える訓練を、勉強することで行ってい**るんだ。

サチ子　？　正解《せいかい》はないんですよね？　だったらどういう意味があるんですか、それ？

先生　そうだなあ、じゃあ、正解《せいかい》がない問いを、全然違《ちが》う方向で1問出そうか。

勉強は役に立つ　その3　正解《せいかい》のない問いを考える訓練

Q：足が速くなるためにはどのような訓練を積めばいいと思いますか？

ショウ はあ？

サチ子 これ、それこそ正解《せいかい》がないじゃないですか。走って訓練してもいいし、ランニングシューズを新調してもいいし。

先生 そうだね。でも、大学に行ってスポーツ身体科学の勉強をすると、ちゃんとこうしたことを研究として行っているんだ。

ショウ 研究として？　どんな感じでやってるの？

先生 じゃあヒントだ。これを読んでみてくれ。

「足が速い」とはどういう状態《じょうたい》かを考えてみよう。

まず、走るというのは、足を歩幅《ほはば》分前に出すという行為《こうい》だ。この「足を前に出す」という行為《こうい》のスピードが速ければ、走るのは速くなる。同時に、足の歩幅《ほはば》が大きければ、その分前に移動《いどう》することができるようになる。

これを専門的《せんもんてき》な用語で表すと、以下のようになる。

「脚《あし》の単位時間当たりの回転数＝ピッチ」×「歩幅《ほはば》＝ストライド」

さて、ピッチとストライドを増《ふ》やすためには、どんな訓練を積めばいいか？

サチ子 ピッチとストライド……、そんな考え方があったのか、なるほど。

ショウ 知らなかったなぁ、でも、まだこれ答えじゃないんだね。どうすれば回転数や歩幅《ほはば》を大きくできるのかって話だよね。

先生 そうそう。考えてみて？

ショウ うーん……まあ、歩幅《ほはば》を大きくするには、なんか、筋肉《きんにく》の付き方とか考えた方がいいような気がするよね。

サチ子 あんまりよくわからないけど、赤い筋肉《きんにく》とか、白い筋肉《きんにく》とか、なんかあるんでしょ？ そういうことなのかも。あとは回転数かあ。

先生 フォームがいいと、足を前に持って行きやすいよね。

サチ子 ああ、フォームかあ。そうなると、物理とかで習いそうですよね。どういうフォームがいいかとか。

ショウ　姿勢《しせい》がいいと、足を前に持っていきやすいとかあるのかもね。

先生　いいね。そうそう。筋肉《きんにく》の付き方を研究しようとすると、高校の生物の範囲《はんい》になってくる。そして、フォームや姿勢《しせい》を考えると、高校の物理の範囲《はんい》になってくる。

サチ子　そっか、高校での勉強を武器《ぶき》にして、正解《せいかい》のない問いでも考えることができる、ってことなんだ。

先生　そうそう。そう考えると、正解《せいかい》のない問いを考える訓練としての勉強の意味が見えてくるよね。

ショウ　うーん、なんかそう考えると、社会に出てからも勉強って使う気がするね。

先生　そうだよ。「このお店はどうやったらもっと盛《も》り上《あ》がるのか」とか「自分はこの会社でどんな働きをするべきなのか」とか、この世の中には正解《せいかい》はないけど考えなきゃならないことはたくさんある。

サチ子　それを考えるときに、今習っているような、いろんな科目を使うって話ですか。

先生　そうそう。正解《せいかい》のないことに対して考えを深めていくために、英国数理社、いろんな科目を総動員《そうどういん》することになる。例えば、この問題をみてくれ。

勉強は役に立つ　その4　国語と算数を組み合わせる

次の文の、文としておかしなところを指摘《してき》しなさい。

「1582年に本能寺《ほんのうじ》の変が起こったことで、豊臣秀吉《とよとみひでよし》が天下を取ることとなった」

「フランス革命《かくめい》の結果、ナポレオンが皇帝《こうてい》になった」

ショウ　え？　別に普通《ふつう》じゃない？

サチ子　あー、でもたしかに、なんか違和感《いわかん》があるかも？

ショウ　え、どこが？　たしか、1582年に本能寺《ほんのうじ》の変が起こったのは間違《まちが》ってないよね？　で、その後、豊臣秀吉《とよとみひでよし》が天下を取ったんじゃないの？　ナポレオンの方も、よくわかんないけど多分合ってそうじゃん。

サチ子　それはそうなんだけど、なんか、違和感《いわかん》があるんだよなぁ。だって別に、「本能《ほんのう》寺《じ》の変が起こった」＝「豊臣秀吉《とよとみひでよし》が天下を取った」ってわけじゃないよね？

ショウ　ああ、まあ、言われてみればたしかに？　織田信長《おだのぶなが》が死んで、明智光秀《あけちみつひで》が天下人になると思ったら豊臣秀吉《とよとみひでよし》が明智光秀《あけちみつひで》を倒《たお》して、そのあといろいろな話があって、豊臣秀吉《とよとみひでよし》が天下を取ったわけだよね。

先生　そうそう、これは、説明不十分なんだ。よく違和感《いわかん》に気付いたね。

サチ子　わーい。でも、これがどうしたんですか？

先生　**「いい文章」なんてものは、別に正解《せいかい》があるわけじゃないよね。こう書いてあったらいい文章、ってわけじゃない。でも、正解《せいかい》がないからこそ、きちんと説明しなければならない。**

ショウ　うーん、「いい文章」を作るためには、国語の勉強頑張《がんば》ろうねって話？

先生　実はこれ、国語だけじゃないんだよね。**数学も役に立つ**？

サチ子　へ？　数学？

先生　そう。**数学を頑張《がんば》っている人だと、いい文章が作りやすいんだ。**

ショウ　……なんで？　数学と文章って全然関係なくない？

先生　**算数や数学は「＝」を積み重ねて答えを出していくという科目だよね。だから、**

「30×4＋12＝120＋12＝132」みたいに、「＝」を積み重ねて正解《せいかい》に近づけていくわけだ。そして、さっきの文章は、「＝」で結べなかったから変な文章になっていたわけだ。

サチ子　「本能寺《ほんのうじ》の変が起こった」＝「豊臣秀吉《とよとみひでよし》が天下を取る」でも、「フランス革命《かくめい》」＝「ナポレオンが皇帝《こうてい》になった」でもなかったってことですか。

先生　そういうこと。こんなふうに、答えのない問いに答えを出すために、我々《われわれ》はいろんな科目の力を借りているんだよ。

サチ子　そっかぁ、いい文章を書くとか、どう生きるかとか、世の中の物事は謎《なぞ》だらけで、正解《せいかい》はない、と。

ショウ　そういうことを考えていかなきゃならないってことか。なんか、大変そう！

先生　いやいや。その上で、考えたら面白《おもしろ》いことだってたくさんある。「なぜ明智光秀《あけちみつひで》は織田信長《おだのぶなが》を討《う》ったのか」「なぜ山の天気は変わりやすいのか」「地球はどうして丸いと言えるのか」……**いろんな問いがあって、それに対して答えを出そうとすると、その中でいろんな可能性《かのうせい》が見えてきて、楽しくも感じられる。**考えることは楽しいことなんだよ。

人間は悩《なや》む生き物

ショウ　まあ、先生から出された質問《しつもん》はみんな、面白《おもしろ》かったしなぁ。

先生　じゃあ、集大成として、こんな質問《しつもん》も考えてもらおうかな。

Q：私《わたし》たちはなぜ勉強するのか？

サチ子　ええー、漠然《ばくぜん》としすぎててわかんないですよ、この質問《しつもん》。

ショウ　うーん、まあ、これこそ正解《せいかい》がなさそうだよね。

サチ子　あ、じゃあ逆《ぎゃく》に、先生の答えはなんなんですか？

先生　そりゃもちろん、**悩《なや》むため**だよ。

サチ子　な、悩《なや》むため？

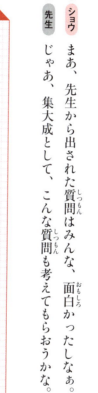

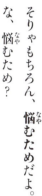

ショウ　悩《なや》むって、え、大変じゃん。

先生　人間はね、他の動物よりも、頭がよく生まれてきちゃったんだよ。だから、いろんな局面で悩《なや》むんだ。「これから先の将来《しょうらい》どうしよっかな」とか、「自分はこの人と結婚《けっこん》していいんだろうか」とか、「自分の幸せってなんだっけ」とかね。

サチ子　ああー、まあ、そっか。これから先の進路とか、考えなきゃならないもんね。

先生　もうちょっと我々《われわれ》がバカだったら、もっと悩《なや》んだり苦しんだりせずに生きられたんだ。悩《なや》まずに道を選べたかもしれないし、その先で後悔《こうかい》することもなかったかもしれない。けど、まあ、もう、こればっかりは人間なんだから仕方がない。**人間は、悩《なや》む生き物**なんだ。

ショウ　……じゃあ、いつまで経《た》っても自分たちは悩《なや》み続けるの？　なんかそれって、苦しいような気がするけど。

先生　さて、どうなんだろうね？　これは苦しいことなのかもしれないけれど、悩《なや》んで考えることには、楽しさもある。「どうやって生きていけば自分は幸せなんだろう?」って考えたら、その分だけ自分のいろんな人生を妄想《もうそう》して、ちょっと楽しくなるだろ？

サチ子　まあ逆《ぎゃく》に、「これがあなたの人生！」みたいに決まっていたら、その道をなぞるだけで、あんまり楽しくなさそうですよね。

先生　そうそう。だからね、**人間は悩《なや》む生き物で、悩《なや》むことを楽しめる生き物なんだと思う。そして、勉強するっていうのは、その悩《なや》むということに答えを出す訓練をする**ってことだ。

ショウ　え？　答えはないんじゃないの？

先生　「正解《せいかい》」はないけど、「答え」を出すことはできる。自分なりに考えて、**「自分としては、正解《せいかい》かどうかはわからないけれど、これが答え」**ってものを考えることはできるわけだ。

ショウ　ああ、そっか。その答えが正解《せいかい》かどうかはわからないけど、答え自体は出せるのか。

先生　そうだよ。で、その**答えを考える時に、勉強して得た知識《ちしき》は役に立つ。正解《せいかい》のない問いを考える経験《けいけん》が生きてくる。**

サチ子　それが、勉強する意味、ってことですか。

先生　僕《ぼく》が考える、ね。これは僕《ぼく》の勝手な考えであって、君たちに強制《きょうせい》するようなものでもない。いろんな考え方があってもいいと思う。お金を儲《もう》けたいからでも、人を助けたいからでも、別にいい。でも、なんらかの答えは出しておきたいところではあるよね。

ショウ　うーん……でも、それも正解《せいかい》じゃないんでしょ？

先生　もちろん。**正解《せいかい》はない。だけど、答えは出したい**って話さ。

POINT

勉強する意味とは？

- 正解《せいかい》のない問いにアプローチするための武器《ぶき》をゲットするため

人間は悩《なや》む生き物

- 悩《なや》まなければならないから、勉強しなければならない

おわりに

「なんで勉強しなければならないか？」

この問いは、指導者《しどうしゃ》にとって、「あんまり良くない問い」だと考えられる場合が多いと思います。だって、「じゃあこれから授業《じゅぎょう》を始めるぞ！」と言っているのに、「先生、なんで勉強しなければならないんですか？」と聞かれたら、先生はやる気を失いますし、「なんだよ、そんなこと考えずに勉強しろよ」って感じですよね。

でも僕《ぼく》は、この問い、実はすごく重要で、考えている子はとても偉《えら》いんじゃないかと思うんです。なぜなら、悩《なや》むことは、いいことだからです。

例えばみなさんは、どちらの子供《こども》の方が東大に合格《ごうかく》しやすいと思いますか？

A：先生から言われたことに対して、「なるほど！　わかりました！」と反応《はんのう》する子供《こども》

B：先生から言われたことに対して、「うーん」とすぐには答えを出さず、考《かんが》え

込《こ》む子供《こども》

指導者側《しどうしゃがわ》として、教えやすいのはAタイプの子供《こども》です。「こうした方がいいよ」という言葉に対して、素直《すなお》に「わかりました！」と言ってくれる方が、教える側としては楽です。

それに対してBタイプの子供《こども》は、「こうした方がいいよ」と言っても、「でも、こういうことも考えられますよね？」「これって本当にそうなんでしょうか」と、すぐには受け入れずに、考える時間が長く、指導者側《しどうしゃがわ》も苦労する場合が多いです。

しかし、どちらの方が受験に合格《ごうかく》しやすいかと言われると、やはりBタイプなんですよね。物事を受け入れ、咀嚼《そしゃく》し、理解《りかい》して、受け入れるまでに時間がかかるけれど、それでも、そっちの方が指導《しどう》の（学習の）効果《こうか》が出る可能性《かのうせい》が高いのです。

なぜ、悩《なや》むタイプの方が頭が良くなるのか？　例えば、「こうした方がいいよ」と誰《だれ》かが言ったとしても、それを受け止めて行動に移《うつ》すためには、考える時間が必要です。

今までの自分の行動を変えるわけですから、「こういうことって考えなくていいのかな?」「これってなんでこうなんだろう?」という考えが頭に浮《う》かんでこないわけがないのです。それなのに、「なるほど! わかりました!」と言うのは、そうした考えを押し殺《ころ》して、考えないようにふたをしているだけです。自分が悩《なや》まないように、またはアドバイスした指導者《しどうしゃ》と良好な関係を築《きず》くために、「わかりました!」と言っているだけなのです。逆《ぎゃく》に、聞き分けが悪く「でもこれって……」と聞いてくるBタイプの方が、ちゃんと問題と向き合って、悩《なや》んでいるのです。悩《なや》んで選択《せんたく》した子の方が、行動にも表れやすいのです。勉強法に関しても同じです。「あの先生が言っていることって正しいのかな? 自分に本当に当てはまるのかな?」ということも、悩《なや》むべきなのではないでしょうか。

もっと言えば、進路に関しても同じです。

仮《かり》に「文系《ぶんけい》と理系《りけい》、どっちの進路に進んだらいいんだろう?」と悩《なや》んだとします。そのときに、「なんとなくかっこいいから理系《りけい》にしよう!」または「先生が言うから理系《りけい》にしよう」と考えて理系《りけい》を選んだとしても、その選択《せんたく》を後悔《こうかい》しないのであれば、その選び方でいいのだと思います。

しかし、たいていの場合はそうではないですよね。「なんとなくかっこいいから」で選んだら、後から後悔《こうかい》します。「なんでこういうことを考えなかったんだ」とか「あのときちゃんと考えていればよかった」と。「理系《りけい》を選ぶとなると、こういうことも考えなきゃいけないよな」「これって、こっちの道で大丈夫《だいじょうぶ》かな?」といったことをしっかりと考えた末に、「理系《りけい》にしよう」と決めたとしたのだとしたら、その道を進んでからも「理系《りけい》を選ぶときに数Ⅲが大変だからどうしようと悩《なや》んでいたし、しっかり対策《たいさく》する必要があるな」と悩《なや》んだポイントをうまく回避《かいひ》できるようになるかもしれませんし、後から大変な苦労があったとしても、その選択《せんたく》に納得《なっとく》できるはずです。

人間は悩《なや》む生き物であり、どんな選択《せんたく》をしたとしても悩《なや》みは尽《つ》きません。その悩《なや》みと向き合うために「考える」訓練が必要なのです。そのための練習としての「勉強」が必要だと言えるのではないでしょうか。「考える」という行為《こうい》をしていくのが「勉強」なのですから、「なんで勉強しなければならないか?」ということに対しても、向き合って考える必要があるのだと思います。「なんで勉強しなければならないか？」という問いは健全で、大切なものだと言えるのではないでしょうか。

我々《われわれ》がまだ猿《さる》やチンパンジーだったら、きっとそんなことは考えなくてもよかったんだと思います。我々《われわれ》がもう少し頭が悪かったら、悩《なや》まないで選ぶことができて、その選んだことに対して文句《もんく》も生まれて来なかったことでしょう。でも、我々《われわれ》は進化してしまった。人間になってしまって、他の動物よりも頭がいい存在《そんざい》になってしまった。ずっと悩《なや》み続ける生涯《しょうがい》を送ることを運命づけられてしまった。だからこそ、我々《われわれ》は勉強しなければならないんだと思います。「自分は馬鹿だから勉強しなくていい」なんて言う子がいることがありますが、はっきり言って人間である以上、どんなに馬鹿で偏差値《へんさち》が低かろうとも、悩《なや》んだり後悔《こうかい》したりしてしまうんです。であるならば、考えるという訓練はしなくてはならないんです。

そしてその第一歩が、「簡単《かんたん》に受け入れないこと」なのではないかと思います。

この本では、様々な「なんで勉強しなければならないか？」を考えてきました。でもそれに対しても、「そうなんだ！」と思わなくてもいいんだと思います。著者《ちょしゃ》として失格《しっかく》かもしれませんが、僕《ぼく》はみなさんが「なるほど！　納得《なっとく》できる！」と考えないでいてくれた方が、嬉《うれ》しいです。

この本の感想もまた、「うーん」でいいんだと思います。「本当かなあ」でいいんだと思います。「今はまだ納得《なっとく》できないな」でもいいのではないでしょうか。

それでも、そういう思考こそが、つまり「悩《なや》む」という思考をすることこそが、逆説的《ぎゃくせつてき》ですが、「勉強する意味」なのではないかと思います。

２０２４年10月
西岡壱誠

西岡壱誠

（にしおか・いっせい）

東大生、株式会社カルペ・ディエム代表、日曜劇場「ドラゴン桜」監修。1996年生まれ。偏差値35から東大を目指し、3年目に合格を果たす。在学中の2020年に株式会社カルペ・ディエム（https://carpe-di-em.jp/）を設立、代表に就任。全国の高校で「リアルドラゴン桜プロジェクト」を実施し、高校生に思考法・勉強法を教えているほか、教師には指導法のコンサルティングを行っている。
テレビ番組「100%！アピールちゃん」（TBS系）では、タレントの小倉優子氏の早稲田大学受験をサポート。また、YouTubeチャンネル「スマホ学園」を運営し、約1万人の登録者に勉強の楽しさを伝えている。
著書『「読む力」と「地頭力」がいっきに身につく 東大読書』『「伝える力」と「地頭力」がいっきに高まる 東大作文』『「考える技術」と「地頭力」がいっきに身につく 東大思考』（いずれも東洋経済新報社）はシリーズ累計45万部のベストセラー。

読んだら勉強したくなる
東大生の学び方

2024年 11月5日　初版第1刷発行

著者　西岡壱誠
発行者　池田圭子
発行所　笠間書院

〒101-0064
東京都千代田区神田猿楽町2-2-3
電話03-3295-1331　FAX03-3294-0996

ISBN 978-4-305-71025-3

装画・本文イラスト　白井 匠
装幀・デザイン　井上 篤（100mm design）
本文組版　マーリンクレイン
印刷／製本　平河工業社

乱丁・落丁本は送料弊社負担でお取替えいたします。お手数ですが弊社営業部にお送りください。本書の無断複写・複製は著作権法上での例外を除き禁じられています。
https://kasamashoin.jp